BEYOND
DATA
RECLAIMING HUMAN RIGHTS
AT THE DAWN OF THE METAVERSE

西方
数据法的
构建逻辑

[美] 伊丽莎白·M. 瑞尼尔斯————著

Elizabeth M. Renieris

陆香————————————译

中国青年出版社

图书在版编目（CIP）数据

西方数据法的构建逻辑 /（美）伊丽莎白·M.瑞尼尔斯著；陆香译. -- 北京：中国青年出版社，2024. 8.
ISBN 978-7-5153-7390-4

Ⅰ．D912.170.4

中国国家版本馆CIP数据核字第20243X7D55号

西方数据法的构建逻辑

作　　者：[美]伊丽莎白·M.瑞尼尔斯
译　　者：陆香
责任编辑：高　凡
美术编辑：佟雪莹
出　　版：中国青年出版社
发　　行：北京中青文文化传媒有限公司
电　　话：010-65511272 / 65516873
公司网址：www.cyb.com.cn
购书网址：zqwts.tmall.com
印　　刷：大厂回族自治县益利印刷有限公司
版　　次：2024年8月第1版
印　　次：2024年8月第1次印刷
开　　本：880mm×1230mm　　1/32
字　　数：130千字
印　　张：6.5
京权图字：01-2023-1540
书　　号：ISBN 978-7-5153-7390-4
定　　价：49.90元

西方数据法的构建逻辑

伊丽莎白·M. 瑞尼尔斯

CONTENTS / 目录

作者注

在这本书中，数据保护、数据隐私、数据安全、数据治理，以及隐私本身，是我频繁提及的几大概念。我倾向于交替使用"数据保护"和"数据隐私"这两大概念，在欧洲法律法规语境下，我主要使用前者；在美国法律框架下，我则更多地使用后者。我也用到了"数据治理"这一含义更宽泛的概念，用它来阐释各类有关规范个人数据收集、处理及应用的法律法规，这些法律法规的细分方向包括了数据保护、数据隐私、数据安全等。这些概念所构成的语言主导着整个技术治理的话语体系。

整体而言，我使用"隐私"这个概念，主要是想传递一个比数据保护或数据隐私诞生更早的理念。这个理念更加宏大而深远，它所具有的内涵远不是仅从数据视角就能解读穷尽的。然而可惜的是，如今在美国，"隐私"和"数据隐私"经常被交替使用，但实际上，这两个词的含义并不能相等同。放眼现实，正如我在本书中所论述的那样，"隐私"一词正日益沦为一个被技术所统领、以数据为中心的概念，其最初的内涵正在被逐渐削弱。通过本书，我希望能将当前的对话从"隐私"一词被置于的以数据为中心的讨论框架，转移到一个更为广阔的视角上来。

序言

2003年的时候我还在读大二，那年，我的一位同学用黑客手段侵入校内住宿学生信息系统，从中爬取了学校女生的学生证照片信息，并将这些照片上传到了一个比美网站，把本科女生的照片两两呈现在访客眼前，并让他们选出当中更加性感火辣的一位。这一行为明显违反了学校在信息技术方面的多项规定，并且当时在女生团体中引发了轩然大波。我的这位同学后来成为在全球具有影响力的大型科技公司的掌门人，他就是马克·扎克伯格（Mark Zuckerberg）。

此后的将近20年来，我一直热衷于参与有关数据的各种讨论，和我对话的人包括立法机关成员、政策制定者、专业学者、研究人员、工程师、企业首席执行官，近来还有我的家人、朋友。我们所进行的讨论通常围绕着脸书（Facebook，现已更名为Meta）、谷歌、亚马逊等科技巨头展开。作为一名在多个大洲有着十余年从业经验的数据保护与隐私领域的律师，以及研究数据治理框架的学者，我常常无法绕开对数据的思考和探讨，以及作为读者的您可能会说的——写下些什么。但是，作为一个至今仍时常能想起被同学当年的恶作剧实验深深冒犯的人，我想坦言，以往那些有关数据的谈话确实从未能够真正触及这一事件所涉问题的核心，或者道出其构成的本质伤害。

正因如此，我写下这本书其实并不意在讲数据，至少数据本身不是讨论的核心。相反，这本书更关乎超越数据的东西。

我希望借这本书唤醒人们的认知，让大家意识到我们整个人类群体正在越发沉湎于对数据的痴迷，这种危险的痴迷导致了人注意力的分散，使人无法真正明晰那些处于人与科技发展关系框架下的关键问题，却让提出建立"元宇宙"虚拟世界这一愿景的扎克伯格大受推崇。我也希望这本书能帮大家意识到，我们对自身与科技的关系的理解，其本身仍存在危险性，我们需要从数据的角度出发明确一个针对数据的核心治理策略，审视我们是如何渐渐走到今天这一步的，并且描绘一条新的前进道路。

　　本书将通过追忆及牢记前数据时代，帮助我们重新获得力量，并想象出一个超越数据的未来。

前言

　　2020年的春天，我开启了这本书的写作，当时全球正在遭受新冠疫情的肆虐，这次肺炎也是继百年前在一战期间夺走近五千万人生命的西班牙流感之后，又一次席卷全球的大流行疾病。为应对这场由新型冠状病毒（SARS-CoV-2）导致的肺炎（COVID-19）所引发的公共健康危机，世界各国纷纷通过采取宵禁、封闭性管理、限制公众社交距离等措施来减少人群聚集、规避感染风险。回顾历史，在20世纪初流行病肆虐时，面对同样的封闭和隔离，社交手段和娱乐方式都极为有限的大家只能无奈忍受几乎与外界绝缘的孤独感，这一点也通过当时被保存下来的信件和日记等第一手资料得到了印证。反观百年后的今天，现代科技在人们疫情期间的生活中则扮演了举足轻重的角色。

　　几乎就在一夜之间，民众的生活经历了一场由线下向线上的迁徙——各类电子工具和学习类应用程序取代了现实中的课堂，视频会议平台成为我们的办公室，原本在线下进行的看病就医可以利用远程医疗来解决，就连司法程序的推进、国会听证会的举行，以及婚礼和葬礼等更具私密性的典礼、仪式的举办也可以在线完成。由于无法参与线下文化活动和社交活动，数百万人将自己的活动阵地转移到了各类社交软件当中，其中，全球用户数量已飙升至10亿人的TikTok就是一个典型的例子。

　　但是，随着新冠疫情增加了我们对这些技术手段的依赖，它也逐渐使后者的缺陷和弊端暴露无遗。远程工具在学习、工作及其他各领域使用的激增揭示了，利用技术手段对学生、雇员及居家之人实施远程监控的现象有泛滥的可能。与此同时，随着用于对病毒的传播进行追踪溯源以及核实疫苗接种信息的有关工具及技术的引入，许多民众感受到，政府部门和大型企业在个人和社区生活中的渗透程度明显增加，甚至到了过分的地步，这点也使得这些技术饱受争议。由于疫情导致供应链遭受破坏，在数字工具和技术中扮演"大脑"角色的半导体芯片出现短缺，许多生活基本用品的生产和关键基础设施的建设因此受到阻滞。在网络社交平台上，有关新冠疫情、疫苗接种、政治发展的各种虚假及错误信息也大行其道。疫情背景下，数字科技在我们生活中应用越发广泛的趋势得到了显著的呈现，而这也暴露了现存法律法规在管控数字技术、尤其是专门针对数据方面的局限性。幸运的是，一些可喜的变化已然出现。

2020年2月，在新冠疫情突袭伊始，欧盟委员会主席冯德莱恩（Ursula von der Leyen）便发布了新的数字战略和与之相匹配的意义深远的立法方案《塑造欧洲的数字未来》（Shaping Europe's digital future）。该方案的影响范围相当广泛，其内容包括了一系列关于新法规的提案，旨在促进跨部门数据共享和创新、为消费者提供更多更便捷的数据获取渠道、规范在线平台的市场支配力、制定人工智能治理领域监管框架及完善与网络安全等主题相关的部分特定领域法律法规。就在我写作此书之时，其中一些拟定的法规已经成为正式法律，其余部分则还仍作为草案处于谈判协商过程中。然而，无论如何，这些法规的提出都代表了20多年来欧盟对数字监管领域的首次重大立法改革及立法现代化尝试。虽然立法者没有明确表示，但至少这些措施将从一定程度上帮助欧洲从仅关注以数据保护作为现代技术治理手段的局限中摆脱出来。

相比欧洲，美国在推动数字治理方面立法的水花则小了许多，但有一项重要的例外。2022年6月，首个获得两党两院支持且覆盖全面的联邦隐私立法草案被提出，该法案很有可能成为正式的联邦法律。根据该法案，公民个人将被赋予包括对其数据的访问权、更正权、删除权和可携权在内的一系列权利，这些权利已存在于现有的其他隐私相关的法律法规框架当中，且为公众所熟知。同时，公民个人还将拥有与具有误导性或操控性的用户界面及定向广告方面相关的一些新权利。除此之外，该法案还针对数据处理实体提出了"数据最小化"的要求，并以其为基线为前者设定了多方面的义务，例如：仅允许实体出于由法案列明且允许的目的对其覆盖的数据进行处理，禁止实体以歧视的方式收集、处理或转让其覆盖的数据，对从事数据处理的实体规定某些忠诚性义务等。

该法案提出时，我这本书的书稿已经进入制作阶段。虽然已经来不及在书中对其展开探讨，但我至少还能在这里略作说明，这些在法案中出现的新主张、新变化，为本书论述的观点提供了有力的支撑。这一观点就是：要想保护人们，我们应当在数据之外寻找力量。在我写作这本书的同时，不仅世界发生了巨大的变化，而且我们也迈入了技术治理方法转变的拐点。现在有一个难得的机会摆在我们面前，我们要么把这个问题解决好，要么就将错失良机。而历史的经验告诉我们，我们可能不应期待过高。

上述提到的这些措施很大程度上仍然侧重于数据、继续对个人进行一定程度的控制，而且它们是为过度简化，或者说在某些方面已然过时的技术现实而设计的，而非为即将或正在快速出现的新的技术现实。值得注意的是，欧洲最新数据治理立法草案的说明中宣称，"数字技术已经深刻改变了我们的经济和社会，影响着所有经济部门的活动和人们的日常生活。这场变革的核心，就是数据"。而正如我将通篇论述的那样，我们在数据管理方法方面存在的最根本问题之一在于，我们虽然声称要有一个"以人为中心"的方法，但一直反复将数据置于人之上。虽然欧洲的新法规目前还未经过实践的考验，但它们很有可能会犯同样的错误。

此外，欧洲的新战略还反复强调创新和数据的经济价值，同时对技术能够保护个人权利的能力给予了极大的信任。它对"能够对包含个人数据的数据库进行隐私友好型分析的技术，如数据匿名化技术、假名化技术、差异化隐私、数据概括化技术，或数据抑制及随机化技术"进行了强调，并鼓励"将可用性日益增强的算法数据融合技术利用起来，这些技术能有助于实现在不需要各方进行数据传输，或进行不必要的数据复制的情况下得出有价值的洞察。"正如我在本书中解释的那样，把重点放置在数据保密性、隐私性和安全性的法律，特别是通过技术手段实现的法律，极易受到操纵，也难以保护人们的尊严及隐私自主权不受威胁。事实上，这些法律还存在这样的风险：在让有害活动不断持续的同时，还给人以一种安全的错觉。

虽然人们对与新兴技术相关的潜在风险和危害有了更多的认识，但存在于他们的担忧和对问题进行有效把控之间的鸿沟却在继续扩大。与此同时，法律当中仍有一些存在缺陷的、有关个人选择及其数字体验把控的概念。例如，欧洲的新法规声称要利用一个类似于传统隐私和数据保护法的范式，通过要求数字平台保证更多透明度、令其引入更多新的用户控制选项，让人们对他们在平台上的体验拥有更多的把控。从理论上讲，通过强有力的信息提示和更详细的信息披露提高透明度，个人将能够更好地适应或调整他们被算法介入的数据体验。然而，考虑到平台对个人数据的使用或处理有着更多的控制，再加上人工智能和机器学习的复杂性正呈指数级增长，这种理论或方法在实践中可能并不奏效。

在美国，也存在着警示的信号。虽然对于数据隐私法草案，法律界一反常态地选择了保持沉默，但隐私方面的专家和倡导者在很大程度上对该法案表示了支持，或许部分原因在于，有总比没有要好些。虽然美国立法机构的努力非常值得称赞，其所得成果也毋庸置疑代表了现状的改进，但也必须指出，他们提出的方法是难以持续的，而且，在可预见的未来，我们不太可能看到实现进一步实质性的改革所需的政治意愿和必要合作。事实上，正如一位女议员所言，美国本次立法就像是"为那些对在互联网环境中缺乏隐私而感到厌烦的美国人提供的一种创可贴"，这"创可贴"只能暂时止血，无法彻底疗伤。而显然，我们迫切需要一些更具持久性的措施。

正如我在本书中所主张的，我们真正需要的，是一种更为广泛的数字治理方法。然而，我也想承认，提出这样一条前进道路，尤其是在如今这样一个地缘政治分裂加剧、经济动荡不断、时局面临空前不稳定的背景之下，存在着重重困难和挑战。我们迟早会发现，自己已然处于人被逐渐弱化的元宇宙时代的开端之中，但只有我们坚持"以人为中心"，才能更好应对快速发展迭代的技术环境。

导语

　　截至2020年年初，据估计，现存数据总量已超过了44泽字节[1]（zettabyte），即440万亿亿字节，大约是人类可观测到的宇宙中恒星数量的40倍。到2025年，全世界每天产生的数据量将达到约463艾字节，相当于人类自古以来所说的全部话语总量的一百倍。随着越来越多的人懂得上网、越来越多的机器被连入网络，数据量正在经历指数级的增长，这一现象被一些行业专家称为"数据海啸"。我们可能无法理解数据的体量到底有多庞大，但毫无疑问，我们被淹没在了数据的海洋中。

　　然而，没有人明白数据到底是什么。虽然我们倾向于将数据视为事实或一些客观事实的抽象表现，并且自然而然地想到"数据不会说谎"的说法，但我们却

---

[1] 泽字节：信息计量单位字节的多倍形式，1泽字节表示10^{21}即十万亿亿字节。——译注

很难找到一个恰当的比喻来形容数据在现代生活中的作用。"数据"这个词在历史中的应用及其演变也同样非常复杂。事实证明，我们从来没有真正能够就"数据是什么"或者"它在我们的文化中扮演着怎样的角色"等问题达成共识。

数据这种难以捉摸的特性使得围绕其建立共识或制定规范变得极其不易。然而目前，我们对新的先进数字技术的管理方法仍然主要以数据为中心，那些涉及隐私、安全和保密的法律和法规尤是如此。事实上，随着我们面临的由技术发展带来的挑战越来越多，我们似乎越发会将自己与数据联系在一起，数据既是问题本身，也是问题的解决方案。

正如我在本书中所说，这种以数据为中心的方法使我们处于危险之中，因为它偏离了数据保护的初衷——保护人本身。在接下来的章节中，我将努力解释我们面临的现状、我们是如何走到这一步的，以及我们下一步应该向何处发展。但首先，我还是要解答这个基本问题：数据是什么？

何为数据

如今，"数据"一词往往没有准确的定义，相反，我们总是借助他物对它进行间接描述，这一点不难从一系列隐喻中看出。一众隐喻中，将数据视作一种资产是最常见的一点。咨询公司剑桥分析前雇员布里塔尼·凯泽（Brittany Kaiser）虽然不是将数据比作资产的第一人，但他却因发起一项名为#拥有你的个人数据（#OwnYourData）的运动让这一观念得到了普及。凯泽本人也曾在2019年的电影《隐私大盗》（*The Great Hack*）中出演角色。

　　而自2018年剑桥分析丑闻曝光以来，将数据视为"什么"的说法更加多样。世界经济论坛早先发布的一份报告便指出，《经济学人》（*Economist*）曾在2019年发文称数据就是当今世界最有价值的资源，这也引发许多专家对数据进行了更多拓展性的比喻，如将其描述为新时代的石油、水源、空气，甚至是阳光。也有人将数据比作劳动力、货币、核废料，以及石棉等有毒物质。哈佛大学学者肖沙娜·祖博夫（Shoshana Zuboff）在自己的开创之作《监视资本主义时代》（*The Age of Surveillance Capitalism*）一书中，将数据定义为"监视资本主义（Surveillance Capitalism）产生的必要原料"。

　　然而，人工智能学者、微软研究院研究员、纽约大学 AI Now研究所联合创始人凯特·克劳福德（Kate

Crawford）则在《人工智能图谱：权力、政治和人工智能的地球成本》（*Atlas of AI: Power, Politics, and the Planetary Costs of Artificial Intelligence*）一书中谈到，将数据比作自然资源或者原材料的这种隐喻的手段，其实是有些机构在运用修辞策略刻意为之，旨在将数据抽象化、惰性化、独立化，而不是拉近数据与人的亲密关系。在克劳福德看来，以上观点有可取之处，"如果是从未经任何处理的原始材料中进行数据提取，数据提取则是合理的"。

从某些方面来看，数据既是一切，又什么也不是。数据依靠语境，并呈动态变化，因此很难被定义。人们试图规范数据，其实就和人们试图管控技术一样，都是徒劳无功的。

数据的历史渊源

从词源上看，数据的英文data一词来源于拉丁语的datum，意思是"所给予的东西"（datum为拉丁语动词dare的中性过去分词，意为"给予"）。在拉丁语中，这个词有着"运动"或"转化"的含义，因而到了英文中，"数据"指流动而非静态的事物；它并非实际情况，而是一个假定事实。到了现代，在被科学家和数学家广泛采用之前，data这个术语实则是由一众神学家和人文主义者进行推广的，这点或许也颇有讽刺意味，因为现在数据本身确实也披上了某种宗教色彩。正如历史学家丹尼尔·罗森伯格（Daniel Rosenberg）所说："围绕着数据的新兴思想——'数据主义'，已经成为当代文化的核心、成为我们理解世界和自身的方式。"

罗森伯格将"数据"这个词的现代用法追溯到17世纪——当时一位曾在牛津大学接受过教育的英国牧师兼神学家亨利·哈蒙德，在其所发表的一系列信件和文章中都用到过这个词。根据data一词拉丁语词源的含义，哈蒙德用其来表示"契约"或"妥协"，意指在争论中所给出的或被视为理所当然的东西，不对其真实与否进行判断。而事实上，它们是否真正符合事实并不重要，甚至不相关。对于哈蒙德来说，"数据"的例子是：牧师应该被召集去做祷告，或者礼仪应该被严格遵守。

数据作为一个修辞概念，指的是"出于论证的目的"而被采用或规定的东西，而不关乎真实性，在整个17世纪，"数据"一词都保持着这样的含义。从神学、哲学再到数学，各个学科都使用了"数据"这一术语来指代那些不言自明、无需争论的情况或原则，在神学领域常如此，除此之外还有类似在代数中常见的出于论证方便的情况。对"数据"一词的这一解读至少持续到了18世纪中期，当时，另一位研究磁学的牛津大学学者用"数据"这个词来表示"在实验调查之前设定的公理"——这也就意味着其事实的反面。

18世纪中后期，经验主义的兴起使得"数据"一词的用法发生了变化——它更多地被用来指通过调查获取的原始的、未经处理的信息，更类似于通过观察和搜集得到的事实。也就是说，数据开始被解读为调查或探究的结果，是客观的东西，而不再是一主观的预设。

在含义经历重大转变之际，"数据"一词陷入了几乎不再被使用的境地，经历了持续将近一个世纪的文化滞后期。当它在20世纪中期重新出现时，它已开始与结构化的、经过储存、通过计算机进行传输的量化信息形成联系——指构成比特和字节的数据。正如罗森伯格解释说，"数据最初是作为一种用于搁置本体论问题的工具出现的，而在它在消失后又重新出现在我们的一般文化中心时，它已经产生了自己的本体"。事实上，这个词难以捉摸、难被理解的特性，也恰恰是其需要不断适应新技术的一部分原因。

然而，在实际上，数据早期的定义——预设或前提，对我们走出今天所形成的对数据的迷恋有着至关重要的作用。正如罗森伯格所说，"3个世纪以来，这个词一直就像一面镜子，折射历史和认识论，向我们展示了我们认为理所当然的东西"。如此来看，我们对数据的态度也正是反映我们社会状况的一面镜子。正如凯特·克劳福德所观察到的，"在21世纪，数据已然成为任何可以被捕捉到的东西"。而通过本书，我想表达的是，我们对拥有、控制、获取和利用数据的痴迷揭示了从资本主义、工具主义角度出发的思维方式已然主导了我们对这个社会中重要事物的评价方式。这种思维惯性或说冲动正在破坏我们意在通过倚重数据的法律和对话进行有效技术管理的尝试。

数据与法律

尽管数据在现代社会得到了大范围的普及且变得无处不在，但无论是民法还是普通法传统都没有对数据进行明确定义。尽管如此，无数寻求对数据进行监管的法律法规仍然在各种材料定义及分类中使用该术语。它们通常是以循环论证或自我指涉的方式，将数据作为一个修辞概念或预设，体现了其现代用法的原始精神。例如，有关数据保护和隐私的法律一般会定义一些关键术语，如个人数据或个人信息、敏感数据或非识别数据，但却没有就"数据"或"信息"进行单独的阐释。然而，这些关键术语定义及内涵边界的快速变化也充分说明了，明确数据的性质是现在及未来管理好我们与数字技术关系的基础。

法律中的个人数据通常指能够或可能使自然人被识别或可识别的事物。早在1977年，联邦德国数据保护法就将个人数据定义为"有关已识别或可识别自然人（数据主体）个人或重要情况的具体信息"。现代欧洲数据保护法也将个人数据等同于"与已识别或可识别的自然人有关的一切信息"。美国制定的第一部全面的数据保护法则将个人信息定义为"能直接或间接地与特定消费者或其家庭形成合理链接，或者能够对其进行识别、描述，并能够与之进行关联的信息"。

随着技术能力的不断发展迭代，可识别或可描述的人的范围也在不断扩大。例如，1995年，欧洲数据保护法便就"哪些内容可算作个人数据"进行了规定，并给出了若干说明性的例子，其中包括了个人身份识别码，以及与个人身体、生理、心理、经济状况、文化或社会身份有关的信息。后来，欧洲对这一原本不够详尽的清单进行了扩充，增添了包括个人姓名、位置数据、在线身份标识和遗传特征信息在内的多项内容，而这些是在

1995年尚不一定能预见的。欧洲对其数据法的更新，反映了时下大数据和更先进的数据分析工具兴起，以及数字生态系统日益复杂化的社会发展趋势。

欧洲的数据保护法也试图通过分别针对个人数据和非个人数据制定规范等方式对二者进行区分，然而二者的界限尚不够明确。欧洲在关于非个人数据的法规中，将非个人数据反复定义为"个人数据以外的任何数据"，限制放宽，旨在促进欧盟境内非个人数据自由流动。该条例的附录解释道，"不断发展的物联网、人工智能和机器深度学习构成了非个人数据的主要来源"，并举出非个人数据的具体示例，"非个人数据包括用于大数据分析的聚合的、匿名化的数据集，有助于监测及优化农药和水的使用的精准农业数据，工业机器的维护需求数据等"。然而，欧洲也承认，"如果技术发展可以将经匿名化处理后的数据转换为个人数据，那么此类数据仍将被视为个人数据"，并指出数据属性的归类不是绝对的，其具有随时间、场合的变化而变化的不稳定性。

最后，有关敏感数据的概念也发生了类似的演变。早期的国家数据保护法没有对敏感或属特殊类别的个人数据和普通个人数据进行区分，但现代数据法却就此做出了有益尝试。例如，1995年，欧洲数据保护法便将揭示种族或族裔、政治主张、宗教或哲学信仰、工会会员身份的个人数据，以及有关健康或性生活的数据归为需要额外保护的特殊类别数据。根据其最新规定，这类数据的范围还扩大到了包括基因数据、生物识别数据和有关自然人性取向在内的数据。美国各州的法律还将个人的精确地理位置数据、私人通信内容、出于某些目的而处理的生物识别信息以及部分健康相关信息视为敏感的个人信息。在这些法律框架下，法律实体通常要在处理敏感及特殊类别信息方面承担更多的义务和责任。

个人数据或敏感数据等概念定义的不断变化，表明这些基础法律概念含义不稳定且在不断扩大的性质。尽管人们声称这些概念是"技术中立的"，但随着时间的推移，以数据为中心的法律将使我们变得越来越敏感脆弱。随着不断发展的技术将越来越多的东西链接至互联网数字空间当中，无论我们是否成为被识别的目标，我们都将不可避免地变得更易于识别、更易于暴露。因此，以前不属于个人数据或敏感数据的数据可能会变得非常私人化和高度敏感化。此外，任何特定数据点的敏感程度还取决于能够接触到它的各方，以及包括它所处的经济、社会、文化、历史背景在内的其他各种因素。所有数据点都是动态变化的，依托特定语境存在，对其评估也不能脱离其语境而孤立地进行。即使许多法律仍然依赖于这些定义，但它们的低适用度和固有漏洞使得一些信息领域学者直接拒绝这种分类和二分法。

为何需放眼数据之外

毫无疑问，无论我们为实现对数据进行准确充分定义的目的付出多少努力，数据的概念都将持续发展演变。虽然我们难以有效地治理无法定义的东西，但可以说，着眼于数据这样抽象而无定形的东西，终究是比谈论权力、不平等等一系列由数字技术的不断发展所带来的其他挑战要容易许多。数据具有一种中立的气息，掩盖了深层的结构性偏见和不平等，这些偏见和不平等让我们意识到数据治理所面临的挑战。数据可以变成一种工具，它横亘在那些可能通过解决引发这些挑战的根源问题而获益的人和可能由于质疑和打破诸如不受约束的企业权力、不稳定的工作、环境带来的负面影响、日益严重的排外主义和公共领域封闭等现状而遭受挫败的人之间，拉开了人与人之间的距离。

当从数据的角度出发进行思考时，我们最终会缺乏据以解决手头问题的框架，并且无法超越数据去理解问题的关键和要害。我们乐此不疲地为错误的问题寻找答案、为解决错误的问题牺牲了时间，我们为有效减少危害或降低风险所付出的努力也因此遭到了破坏。就好比，在我们迫切需要一个全新的、将保护人和维护人的安全提升到对数据的关注之上的框架来解决问题时，我们还在为"数据保护"和"数据安全"哪种提法更加妥当这类细枝末节的问题纠结犯难。而这就是为什么即使有一系列新的、聚焦数据的"隐私"相关法案出现，我们个人和社会向好发展的希望依然那么渺茫。

此外，无论是现在还是将来，数据都无法为我们在如今以技术为媒介的世界中的彼此互动建立规范提供一个合适的基础。规范必须建立在我们可以明晰边界且可以对此达成相对共识的基础之上，就像我们过去在隐私等基本权利方面所做的那样。如果没有共识，面对无国界技术带来的针对集体的、跨国界的挑战，我们有可能面临地缘政治分裂的风险。在各国都在关注数据本地化、数据民族主义和数据主权的当下，上述风险正变得越发明显，而上述种种趋向，实际上只是其他形式的本地化、民族主义和数据主权的代名词。

在本书的第一部分，我将概述现代数据治理方法的历史渊源。现代数据治理其实可以追溯到数字技术出现之前，当时形成了早期针对数据保护规范的国际共识，在此基础上，基本的隐私权得以成形。在这一部分中，我所应用的是基于我的专业和既有研究的一种跨国界的研究方法，但主要还是着眼于大西洋两岸国家的数据治理对话。

在第二部分中，我将探讨最新时代思潮的转变是如何导致世界各地的立法者及政策制定者、技术专家、行业和公众对数据产生独特的痴迷的。照此背景来看，现有的法律框架所维护的往往还是狭隘而过时的、以数据为中心的"隐私"观点，或者它们想要利用这种观点来为那些在隐私权可保护范围之外的伤害做辩护。这样一来，我们对数据的痴迷将有可能使一度强大的、一定程度上由数据保护法定义的隐私概念，面临着沦为被企业掌控的工具的风险。

在本书的第三部分，也即最后一部分中，我将提到我们可以避免陷入这种命运，而解决方法在于我们需要承认这个逐渐浮现的后数字世界的真正性质，同时摆脱数据迷恋的桎梏，通过更广泛的基于权力的技术治理方法来保护人类。

我想通过写这本书说服各位读者，要想保护人类，我们必须看到数据之外的东西，否则，数据将反客为主，比我们拥有更多的权利、得到更多的保护。

PART 1

第一部分

数据之前

BEFORE DATA

1 / 主体框架

50多年来，我们一直忙于保护数据，以至于我们在很大程度上忘记了保护人本身。大约从20世纪70年代开始，我们在思考数据治理问题时所运用的框架基本都是数据保护，或称数据隐私。不难发现，这一框架将保护数据置于优先地位，与数据安全思维有着紧密的关联。它所导致的结果，便是一个由思维二元对立、后现代超级个人主义以及过于狭隘的数字宇宙观等错误观念所主导的逻辑。依照这样的逻辑，数字世界是由包含于其中的各个数据包所组成的，与20世纪70年代的数据库性质正相符合。而从90年代开始，伴随着网络和数字生态系统的商业开发，这种观点得到了不断的固化和加剧。

为了理解数据治理的故事以及我们是如何走到今天这一步的，研究其历史和相关概念的起源，尤其是隐私和数据保护相关概念随信息处理技术不断发展的历史背景，显得尤为重要。通过这些探索，我们会更容易理解，我们所察觉到的当今数据治理危机，本质上可以追溯到出现数据处理和数据记录计算机化之时代变化的20世纪后半叶，以及网络自由主义思潮大受推崇的互联网发展早期。

上述因素将可能共同塑造在未来几十年里我们对数据和数字技术治理的思考方式。目前用以在数据库构建的环境和缺少法律约束的网络空间中对数据进行思考的"主体框架"不仅深刻地塑造了数据治理的历史，而且也将对其未来带去同样深刻的影响。而正如我们将看到的，挣脱这一框架对于我们走出目前所面临的僵局以及构想一个超越数据的未来，将起到至关重要的作用。

隐私的哲学及法律渊源

今天，提到"隐私"二字时，我们脑海中往往会出现高科技、网络黑客攻击、需要大量数据的技术、公众瞩目的数据泄露事件、智能却有入侵性的数字设备等一系列关键词。然而，如今有关数据和隐私的对话，涵盖了许多与以比特、字节的形式所呈现出来的数据相比要古老得多的课题，其中便包括了个人隐私权、人身不可侵犯权及个人自主权等在内的许多重要关切。隐私本身是一个更古老的概念，早在计算机及数字时代到来前便已存在。

有关隐私和私人生活需求的提法，可以在传统宗教文献、中国古代历史中、古典希腊哲学中及许多其他材料中寻得踪迹。例如，在《政治学》(*Politics*)一书中，亚里士多德曾阐释道，无论从道德还是哲学、政治角度看，注重隐私都颇具好处，它能帮助公民个人培养文明参与公共生活所需的美德。这种将公共生活与私人生活视为两大截然分开的领域的做法，在后来的早期政治及法律实践中也可见一斑。在早期的政治法律概念中，隐私指的是一个不受国家政权干预的领域。

作为一项法律概念，与隐私有关的权利在世界最早的几部宪法中都曾出现，而这些宪法的问世比计算机还要早数个世纪。尽管在1791年由第一届美国国会通过的《权利法案》(*Bill of Right*)中，"隐私权"的概念未被明确提出，但最高法院发现，宪法修正案中许多特定的保障性条款实则都体现了普遍的隐私权，这些宪法修正案包括了第一、第三、第四和第九修正案。例如，第四修正案即规定了"人民的人身、住宅、文件和财产等不受无理搜查和扣押的权利不得侵犯"，这一点构成了隐私权的一个重要组成部分。

在美国宪法一定程度的启发下，许多其他较早诞生的宪法中也提及了类似的权利，规定公民的住宅、通信自由等具有不可侵犯性则为其中之典型。例如，于1814年通过的挪威宪法便明确承认了许多为如今的我们所视为现代权利的内容，这种明确个人权利的做法在当时大多数其他欧洲国家的宪法中是无从体现的。本着美国宪法第四修正案的精神，该宪法规定"除因刑事案件外，不准搜查私宅"，再次体现了法律对个人住宅或住所的神圣不可侵犯性的保护。

美国、挪威两国法律对隐私进行规定很快得到了许多其他国家的效仿。例如，于1831年通过的比利时王国宪法便明确指出，"住宅不可侵犯。非在法定场合按照法定手续，不得对住宅进行搜查""信件的保密性不可侵犯"。1853年的阿根廷宪法同样规定了"住宅、通信和私人文件不受侵犯"。1919年，芬兰在国家宪法中也同样指明"芬兰公民的住宅不受侵犯"。有趣的是，芬兰宪法此外还进一步规定，"邮件、电报、电话的通信秘密不受侵犯，但法律另有规定者不在此限"，这种具体将新兴通信方式在宪法中进行具体列举的做法，成为人们试图利用后续不断发展的数字技术对传统隐私概念进行完善的先兆。

如今，世界上绝大多数国家的宪法将有关个人住宅、文件、通信的不可侵犯的权利写入其中。由此可见，有关隐私的法律法规构想出了一个"隐私区域"，或说"隐私空间"。这是一个围绕个人的近乎物理概念的边界，除非是在所列举的情况和特殊情况下，国家和集体都无权对其进行干涉。对于这一范围，德国联邦宪法法院将其定义为"不受国家权力影响的、不可触碰的私人生活领域"，这也与亚里士多德提出的隐私概念恰相呼应。而直到几十年后，"数据保护"的提法以及"数据"这一概念本身，才随着计算机时代信息数字化的发展真正明确地出现在了法律条文当中。

隐私权

从20世纪开始，在工业时代的推动下，为实现与其相对传统的行政、立法及司法机构的相互配合，奉行自由主义的政府催生并发展壮大了结构复杂的行政国家，设计周全的公共记录系统也随之被建立，成为一大副产品。公共记录系统试图将普通公民和选民编入详细的记录系统，而这也被认为是实现有效管理政府新服务和新职能的必要做法。例如，在1935年美国国会宣布通过富兰克林·罗斯福总统的《社会保障法》(*Social Security Act*)时，追踪全美2600多万民众和300多万雇主的钱款就瞬时成为政府不得不面临的挑战。

IBM公司77型打卡机。来源：维基百科

　　为了帮助政府有效管理这一涉及巨大数字的记账项目，新设立的美国社会保障委员会与国际商业机器公司

（IBM）签订了一项合同，利用后者开发的又名"77型打卡机"的灰色穿孔打卡机进行数据信息管理。而在实施这一做法方面，美国并非个例。

计算机技术的进步对传统隐私概念提出挑战

技术进步的速度加快，基于人的信息达成的交易行为的总量也不断增加。而自1946年世界第一台电子数字积分计算机、世界上第一台通用电子计算机（The Electronic Numerical Integrator And Calculator）诞生之后，公共数据的收集、传播和使用方式则被计算机的进步彻底改变。

ENIAC的创造者们还继续开发了一台用以服务美国人口普查局的原始计算机，即通用自动计算机（UNIVersal Automatic Computer）。这台计算机后来成为世界第一台大型民用计算机，也将美国的人口普查带入了计算机时代。在20世纪50年代，UNIVAC被用来制作人口普查表格、开展一系列经济调查，同时也被用作其他用途。

同样，类似的变革不只发生在美国。在20世纪60年代，联邦德国开始大力投资信息技术及电子数据处理的研发。1967年，联邦德国启动了旨在促进计算机应用、教育、研究和发展的一系列项目中的第一个项目；1971年，它又以超六倍的预算投入延续、升级了该计划，这些资金被用在了计算机及其外围硬件设备、软件、应用程序、组件的开发，以及相关学术研究资助等多个方面。在20世纪70年代初，由于对当时计算机及数据处理能力的风险和益处存在看法上的分歧，联邦议会内各委员会之间的关系一度趋于紧张。内政部醉心于提高信息收集的效率，法律委员会则恰恰相反，担心将高效的信息保管置于个人隐私及其相关权利之上会给个人带来潜在风险——这种相互拉扯的关系，依然出现在今天的相关讨论中。

两名工作人员正在为ENIAC重新编程。来源：ARL技术图书馆

20世纪后期，随着计算机从军用级装备变成市面可售的硬件设备，率先进入计算机时代的西方国家政府开始了其保存数字档案、创建有关其选民信息的数据库的实践。"到了60年代，价格实惠、销售人员说服力过人、软件服务贴心细致等等因素，让许多档案保存机构都纷纷引进自动化的数据处理设备。"这种快速的计算机化操作使人们能够收集、储存、处理大量的数据，能够创建大型数据库，也能够将数据用于关乎其主体的新形式的决策之中，决策既包括个人层面，也涵盖人口层面，具体内容则涉及生活的不同方面，包括信贷、保险、住房、福利和服务的获取等。各国政府在计算机化档案保存和数据处理方面举措的增加，引起了公众对隐私问题的极大关切。而在20世纪末，互联网的诞生也是同样如此。

我们今天所熟知的互联网脱胎于美国国防高级研究计划局（1972年更名为DARPA，此前为ARPA）赞助的一个技术研究项目。该项目创建了一个用于远程连接计算机的小型网络，名为ARPAnet，即阿帕网。阿帕网仅有的4个结点分布在加州大学洛杉矶分校、加州大学圣巴巴拉分校、斯坦福研究所、犹他大学这4所大学的4台大型计算机中。阿帕网被设计为"分组交换"型网络，它将信息分解成等量数据段或等量"数据包"，这种方法可以更容易地进行网络传输，也更便于在到达预定目的地时对这些数据片段进行重新组装。1969年10月29日，阿帕网在加州大学洛杉矶分校和斯坦福研究所之间首次成功传输了一个分组交换信息。阿帕网虽然是由军方赞助，但其最初目的在于让各学术和科学研究中心实现计算资源共享。

诞生后的十多年间，阿帕网一直是一个小型、单一的网络，由彼此熟悉的工程师和科学家所组成的核心小组进行运营，逐渐连接到其他大学和研究中心。由于早期互联网领域的先驱人物之间基本相互认识，加之当时的网络规模相对较小，应用也十分有限，因此，在互联网的架构中设计并建立一个身份层以及对个人隐私进行关注并不是优先事项。而且，就如早期的网络协议是被设计来识别网络资源而非识别人一样，网络整体也被设想为用以连接计算机或机器，而不是人。在当时的技术人员看来，"隐私"不是一个存在于非二元光谱上的复杂社会技术概念，而是"匿名"的同义词，像代码一样意味着一种二元条件，意即，对网络来说事物只有"已知"和"未知"两种。由于数字世界和真实世界之间存在明显的界限，人们很容易将数据仅仅视为通过信息和通信技术（ICT）传输的信息包，视为数据库中的东西。

但这一切都在1983年发生了变化。这一年，阿帕网采用了一种新的网络通信协议，使相隔遥远的不同网络之间也能够交换数据包，从而形成了"网络之网"，即后来为我们所熟知的"互联网"。渐渐地，计算机和以互联网为代表的网络技术跨越我们私人领域的物理边界，渗透到我们生活中来，它们使得政府能够获取关于我们的信息，也使有关身体、家庭甚至通信的传统的隐私概念受到挑战。与发件人或收件人所拥有的信件不同，数据和数据库在当时是由政府控制而非可由个人拥有或掌控的。此外，数据也与实体的文件、物品不同，数据可以同时存在于不同地方，也就是说，数据若遭受到入侵或干扰，这些入侵或干扰不一定是从物理角度上看客观存在的。同时，政府也对利用这些数据为其选民提供新服务颇有兴趣。而数据保护就是在这种个人隐私权和关乎政府的社会集体利益之间的矛盾中诞生的。

政府数据库应用背景下诞生的早期数据保护法

计算机技术的进步使政府得以利用新型数据处理能力和计算机化的数据库，也使我们越发需要对个人所拥有的针对这些数据库所含信息的权利进行更为合理的规定。正是在这种计算机化不断发展、数据库仍属国营的时代背景下，世界第一批国家数据保护法在20世纪70年代和80年代初陆续问世。也就是在这一时期，最初的基本隐私权出现了靠近信息与通信技术的转向，表现为对数据保护的关切。可以说，也正是在这个时候，人们开始迷恋于将数据作为一个问题来解决。

政府利用官方数据库和逐渐增强的计算能力来对民众个人及公共事务进行决策的能力得到越发广泛的关注。根据当时的设计，数据保护覆盖了各种各样的场景，在这些场景中，个人往往以其公民或选民的身份或其社会关系而被外界了解（最初是被国家了解）。数据保护对被授权访问个人数据的人规定了特定的责任和义务，并指出，未经授权的访问，比如在某人不知情或不同意的情况下分享其个人数据，是对个人基本隐私权的一种侵犯。在美国，"隐私"或"数据隐私"一词通常指这种数据保护的衍生权。

早期的数据保护法在适用范围上有较大的限制，虽不限于官方记录和数据库，但却以这二者为主，且通常是由政府部门维护的数据库。这些法律主要关注数据库所有者和运营者所开展的活动以及他们应尽的责任，要求他们对数据的准确性、完整性和安全性负责，同时还经常创建新的行政机构来对这些数据库的审批许可和注册登记进行监督。若要在这些法律基础上引入新的个人权利，这种权利也通常仅限于访问和纠正这些数据库中的数据，这与后来在拉美国家出现的个人数据保护令（habeas data，拉丁语，意为"我们要求你掌握好自己的数据"）有所类似。有关"个人数据保护令"的内容，下文将作进一步介绍。

1970年，联邦德国黑森州颁布了作为世界上第一部数据保护法的《黑森州数据保护法》（*Hessische Daten-schutzgesetz*）。该法只适用于公共部门，对自动处理、储存、使用由地方政府存储的包含公民个人信息的文件档案等方面进行了规定。为规范计算机和个人档案接触人员的行为，该法律还包含了保密要求，并引入了"数据备份"或"数据保护"的现代法律概念。

值得注意的是，《黑森州数据保护法》是第一个使用德语"daten"（即数据）一词的法律文书，其并未选用"信息"这在当时更为通用的词。"daten"作为一个专业术语，具体指以数字形式呈现或由计算机处理的数据。黑森州的做法很快就被包括莱茵兰-普法尔茨州在内的一些其他德国联邦州所效仿，这些州也沿用了术语"数据保护"等表达。此后不久，第一批与数据保护有关的国家层面法律也在欧洲大陆的其他国家陆续颁布。

1973年，瑞典通过的《数据法》（*Data Act*）对如何在载有个人资料的计算机化登记册或数据库中处理好个人数据进行了规定，并要求每一位数据库运营者在上岗前必须取得由新设立的数据审查委员会所颁发的执业许可证。该法适用于所有计算机化的登记册或数据库，不论是由政府还是其他机构主导运营的，都包含在其中，然而该法的诞生过程却充满了艰辛，其诞生源于针对1970年人口和住房普查激烈的公众辩论，当时辩论的焦点包括官方对公民个人数据的可得性不断增强、访问量不断扩大，同时既有法律不足以解决相关风险等问题。《瑞典数据保护法》所规定的适用范围具有普遍性和广泛性，使它在理论上也可以应用于商业化运作的数据库，这类数据库的数量也在该法颁布后大大增加。然而，实践很快证明，该法的设计远远不够完善，并不适合用于监管私营部门的数据使用。

1977年，联邦德国通过《联邦德国数据保护法》，其对应德文为Bundesdatenschutzgesetz。该法旨在禁止"滥用个人数据"，从而"防止对任何需要保护的个人利益造成侵害"。根据该法，除非法律明确授权或得到数据主体事先的书面同意，否则不得对个人数据进行任意收集、加工和使用。与早先颁布的《瑞典数据保护法》一样，《联邦德国数据保护法》新任命了一位联邦德国数据保护专员，来协助监督该法在公共部门的应用。

虽然《联邦德国数据保护法》也适用于私营部门对个人数据的处理，但与瑞典法律的不同之处在于，该法为这些部门制定了与国营部门不同的规则以及单独的监管执行框架。此外，它还对私营部门对个人数据的内部使用和商业使用进行了区分，其中在企业对个人数据的商业使用及开发方面，该法给予个人的保护则相对少得多。

1978年1月6日，法国颁行了第78-17号《信息技术、文件信息和公民自由法案》（*Law 78– 17 on Information Technologies, Data Files, and Civil Liberties*），该法第一条大胆规定，"信息技术应当服务于每一个公民，且不得损害人的身份、权利、隐私或个人及公共自由"。法国的法律与瑞典法律一样，要求政府部门对公共数据库信息进行登记，说明数据库建立的目的、其所收集的个人数据的性质，数据的来源及其用途。这项工作由法国国家信息和自由委员会负责。该法同时承认，信息持有者本人有权访问他们自己的信息、要求纠正不正确的信息或对不完整的信息进行补充、对这些信息的传播进行合理干预。随后，德国、西班牙、英国和荷兰也很快出台了类似的国家数据保护法。

这里值得注意的是，相比美国和欧洲，大规模计算出现较晚的拉美地区国家所采取的办法有所不同。拉美地区国家也同样面临着数据库方面出现的问题，然而，由于受独特的文化、历史和政治背景影响，这些国家对这一问题，尤其是对政府滥用信息记录和数据库的问题，所持态度略有不同。20世纪90年代，几个拉美国家摆脱了政治动荡，在其宪法中加入了个人数据保护令。

1988年，巴西成为第一个将个人数据保护令纳入宪法的拉美国家。在巴西之后，哥伦比亚于1991年、巴拉圭于1992年、秘鲁于1993年、阿根廷于1994年、玻利维亚于1995年、厄瓜多尔于1996年、委内瑞拉于1999年先后出台了该项法令。个人数据保护令设立的初衷是帮助部分家庭寻找他们因政治独裁者实行强制失踪和法外处决而下落不明的家庭成员（称为"失踪者"）。拉美国家普遍将之纳入宪法，也是旨在保护公民的个人数据免遭当局的不当收集和利用。个人数据保护令赋予公民向政府提出申诉的权利，公民既可以要求从政府处获取后者所收集和持有的他们的个人信息，也有权对这些数据进行质疑或更正。从这个角度看，拉美国家的个人数据保护令与在世界其他国家出现的早期数据保护法在法理精神上是类似的。

围绕公平信息实践原则达成的共识

与欧洲一样，美国政府机构内计算机化数据库和数字档案保存的兴起，使得人们对由此引发的技术及法律问题的关注日益增加。为回应一系列伴生问题，美国政府在医疗、教育与福利部（HEW）内部成立了个人数据自动化系统咨询委员会。1973年，在对已投入实施的《黑森州数据保护法》和《瑞典数据保护法》进行了全面深入的调查研究之后，福利部委员会在一份题为《记录、计算机和公民权利》（*Records, Computers, and the Rights of Citizens*）的报告中公布了其调查结果。

该报告以"关于使用计算机保存人们的信息可能导致的美国社会的变化"为序，强调了高效的记录保存及数据处理工具的使用与个人隐私权保护之间日益凸显的紧张关系。该报告同时还提出应"将记录保管工作交给新的数据处理专家"，并点明了对于"仅将记录保管的实践视为高效技术问题，却轻视其牵涉的社会政策"这一现象背后风险的担忧。从数据管理的现状来看，这些问题的提出在当时是相当有先见之明的。

此外，尤为重要的是，《记录、计算机和公民权利》报告还提出了一项针对所有自动化个人数据系统的联邦管理原则，即公平信息实践（Fair Information Practices，缩写FIPs）。该原则包括以下五大核心基本点：

公开原则：任何个人数据记录的保存系统都不应该是秘密存在的。

信息披露原则：每个人都有权了解自己被记录了什么信息，以及这些信息将会作何用途。

二次使用原则：未经本人的同意，任何以第一目的记录下来的信息，不得擅自以其他任何目的进行使用。

修正原则：人们有权对可识别自己身份的信息进行相应的纠正或修改。

安全原则：任何机构在创建、维持、使用或分发可识别个人身份的数据记录时，必须确保该记录在其预期用途上的可靠性，并且必须采取一些预防措施，防止该记录被误用。

在《记录、计算机和公民权利》报告所提出的公平信息实践原则基础之上，美国国会于1974年通过了《隐私法案》（*Privacy Act*），试图通过该法来规范联邦行政机构对个人信息的收集、维护、使用和传播。

《隐私法案》诞生于"水门事件"曝光并发酵、同时人们日益关注政府对个人监视行为的背景之下，其试图平衡政府在保有个人记录方面的利益和个体对其个人信息享有的隐私方面的权益。该法适用于可以识别个人身份的记录（但不包括汇总信息或匿名的记录），禁止相关机构在未经被记录主体事先书面同意的情况下披露其个人信息（尽管有12个较广泛的例外情况）、对未经授权的信息披露行为规定了惩罚措施，并给予信息所有者个人对这些信息的有限访问权及修改权。公平信息实践原则被写入了《隐私法案》，在此后几十年里成为许多其他国家和国际机构的立法原则及其法律框架的基础。最初的公平信息实践和后来受其启发而派生的一系列原则统称为公平信息实践原则（Fair Information Practice Principles，缩写FIPPs）。20世纪80年代初，包括经济合作与发展组织（简称经合组织，缩写OECD）和欧洲理事会在内的国际组织，也试图解决自动数据处理的影响。

1980年，经合组织通过了《隐私权保护和个人资料跨国流通指导纲领》（*Guidelines on the Protection of Privacy and Transborder Flows of Personal Data*，简称《经合组织准则》）。该准则是当时国际社会达成的第一份有关信息化背景下数据保护和数据跨境流动的法律文件，目的在于实现在保护与个人数据相关的个人权利和获取信息跨境自由流动的商业利益之间取得平衡。之所以采用这些准则，主要是因为当时各国为应对全新自动化的数据处理手段所颁布的数据法存在不相一致且相互竞争的情况，引发了人们的担忧。《经合组织准则》规定了七项核心原则——透明原则、个人掌控原则、使用限制原则、目的限制原则、数据最小化原则、数据完整性原则和数据安全原则，基本呼应了公平信息实践原则。除此之外，更重要的是，准则还引入了新的第八项核心原则，即问责制。

1981年，欧洲理事会通过了《个人数据自动化处理中的个人保护公约》，该公约又被称为《108号公约》（*Convention 108*），明确承认了与自动化个人数据文件及个人数据自动化处理有关的数据保护权利的国际公约性法律文件。其序言表达了理事会这样的愿景——"考虑到自动化处理的个人数据的跨境流动日益增加，应当扩大对每个人的权利及其基本自由的保障，特别是确保对于隐私权方面的尊重"。《108号公约》的内容建立在主要针对公共部门的公平信息实践原则基础之上，且试图打破局限，为将这一框架扩展至私营部门当中奠定了基础。

公平信息实践原则构成了大西洋两岸国家法律的核心，并成为了相关领域国际指导原则和区域框架的灵感来源。这表明，在国际上，围绕这些原则已经形成了广泛的共识。尽管这些原则之间存在许多不同，但正如美国联邦贸易委员会后来所总结的那样，公平信息实践原则归结起来有四大原则："通知/知晓""访问/参与""选择/同意""完整性/安全性""执法/补救"。有关的第五项核心原则。尽管一些地方性或区域性框架规定了额外的原则，它们也通常都是围绕这些核心原则衍生而来的。

虽然国际社会围绕着这一主要框架达成了共识，并使这一共识最终呈现在80年代的公平信息实践原则中，但商业和家庭方面计算技术以及互联网商业化的发展程度还是远远超出了当时已存在的国家及国际法律框架的设想。

反过来，在这种发展和进步发生之前，在信息和通信技术数据库的狭义范围内，实践证明早期的数据保护法是不够完备的，特别是当其强调"数据"为一大组织原则的时候，更是如此。

遗憾的是，这种在几十年前便出现在早期数据保护法中的旧逻辑，时至今日，即使不能满足如今的新要求新目的，也仍然广泛存在。它为我们解释和应用现有的数据相关法律法规造成了阻碍，同时也削弱了我们为反映如今所面临的与过去截然不同的技术现实（以及人与技术的关系）应当设计出更好的法律法规的紧迫性。更糟糕的是，从根本而言，这种逻辑无法真正保护人们。

2 /
更新失败

2022年1月，火山爆发和伴生的海啸袭击了太平洋岛国汤加，导致其与世界其他地区的所有互联网通信被迫切断。这一事件引起了全世界的震惊。在此类事件背后，我们其实很容易忽视的一点是，由经塑料、铜和钢包裹的硅质玻璃光纤所构成的庞大实体海底电缆网络系统，对于向全球数十亿人提供电缆传输、网络等各类现代电信服务是必不可少的。数字技术不只是虚拟的事物，它在物理上真切地连接着我们彼此。

然而，虽然我们的法律能在一定地方和国家的范围内具备司法裁判权，但数据要素和以数据驱动的技术往往并不尊重边界。事实上，随着以区块链、分布式账本技术和加密货币为例的新型去中心化及网络化技术不断涌现，技术对边界的漠视只会越来越明显。

因此，我们不应低估国际社会在制定相关标准和规范方面达成共识的重要性。这些标准和规范应通过在其他方面受司法管辖权限制的法律和政策框架来管理对这些无边界的数字技术的使用。

正如第1章所述，有关数据保护，特别是关乎保存于政府数据库中信息数据保护的共同性原则，最早诞生于20世纪70年代，即出现在美国和欧洲各国早期的国家数据保护法中的公平信息实践原则。这些原则反过来，也有助于促进广泛的国际共识的形成，如经合组织制定了非约束性指导原则，欧洲理事会于20世纪80年代通过了以公平信息实践原则为基础的、具备法律约束力的《108号公约》。然而，也几乎是在这种共识形成的同时，由于每个地区的政治经济环境各不相同，大西洋两岸不同国家的数据治理方法开始出现分歧：美国更想实现一种有限的、针对特定经济部门的隐私法与以市场为基础、由市场进行自我监管的治理方法之间的相互结合，欧洲则更想制定一个更加全面的框架。

本章将探讨，面对步伐不断加快的技术变革和蓬勃发展的数据驱动数字经济，围绕数据保护的国际共识是如何趋向瓦解的，这种共识的瓦解最终削弱了我们为实现法律框架的升级所付出的努力，使我们忘记了进行数据保护的初衷，也导致我们在技术治理方面遇到的地缘政治分裂问题不断加剧。

有关数据保护的国际共识出现，新型数字经济应运而生

在围绕公平信息实践原则建立的共识逐渐形成之时，数字领域的大多数数据处在一个政府与公民或选民之间一一对应的环境背景下。公民和个人的这种关系被认为是合情合理的。

后来，随着数字领域自身的演变，这种一对一的关系拓展到了民营企业和他们的个人客户或消费者之间。在上述两种情况下，个人公民或消费者身份信息都可以通过他们与某个既定实体的法律或商业关系来确定，他们并非是匿名的。在大数据和复杂的分析技术兴起之前，数据库仅仅是其模拟前身的数字化表现，除去给予了数据安全、数据存储和防止黑客攻击额外的关注之外，它实际上有着与其前身大致相同的风险。此外，鉴于当时在线或数字世界的规模仍然不大，人们对隐私所受威胁的关注还是较为有限的。但随着1989年万维网（Web）出现并推动了家庭和商业计算的快速发展，这种情况很快发生了重大变化。尤其是，建立在互联网构成的网络基础设施之上的万维网，使我们从数据库时代过渡到了信息时代，但相关配套法律还是一片空白。

从1971年世界第一台商业化生产的微处理器和第

一台个人计算机（PC）的发布开始，计算机的商用及家用规模在20世纪70年代急剧扩大。到了1977年，苹果公司的Apple II、康懋达公司的Commodore PET和坦迪公司的TRS-80（通常也被称作1977 Trinity）陆续发布，个人计算机逐渐变得相对便宜，并开始进入寻常百姓家，正是在这一时期，我们迎来了个人计算机革命。在20世纪80年代，个人电脑也迅速被各大公司广泛应用于商业用途。有趣的是，在20世纪70年代和80年代便率先应用起国家数据保护法的国家，也恰巧是较早将个人计算机引入家庭及工作等场景中的国家，而且，在这些国家，个人计算机利用率的增长速度尤为显著。比如，1981年，计算机在美国的普及程度还不到5%的人口，到1995年，这一比例已迅速增加到三分之一以上。同样地，在英国，拥有计算机的家庭数量在此同一时期增加了一倍多。在瑞典，计算机也迅速渗透到了普通家庭当中，截至1995年，已有51%的瑞典家庭拥有个人或专业用途的计算机，比1984年拥有计算机的家庭数量增加了一倍多。

在个人计算机革命进行的同时，20世纪80年代，连续出现的一系列重要技术创新使得原本以学术和科研为导向的互联网演变成了一个巨大的商机。在1981—

1983年期间，以太网产品使得局域网（LANs）中计算机之间的资源共享成为可能，这使更多的个人计算机易于上网，互联网覆盖的范围也因此大大扩展。一年后，远程网（Telenet）成为互联网中的第一个商用计算机网络，它扩大了互联网的接入量，并允许电子邮箱（或电子邮件）的传输跨越国界。1983年，阿帕网采用了"传输控制协议/网际协议（TCP/IP）"的全新通信协议，它使相隔遥远的不同网络之间能够互换数据包。其中，传输控制协议（TCP）能继续实现数据包的分组交换（Packet Switching），网际协议（IP）则提供必要的寻址信息和转发信息，用以确定这些信息的所在位置，并将其传送至正确的机器之间。如此，一个由各个小网络构成的大网络由此得以创建，成为了后来为人们所熟知的"互联网"。

1984年，为了更好地管理日益增多的互联网用户，域名系统（DNS）被创建，这使用户更容易上网，也顺势促进了互联网的普及。在域名系统发明后的短短几年内，连入网络的主机数量增加了15倍以上。

然而，尽管越来越多的人利用网络发送电子邮件、阅读新闻和分享文件，但要想有效地访问和使用互联网，掌握一些专业的计算机知识仍然非常必要，这在很大程度上是因为在线文件结构和格式化方式的标准化程度不足。

这种标准化在1989年得以实现。当时一位名叫蒂姆·伯纳斯·李（Tim Berners-Lee）的研究员和他在欧洲核研究组织的同事开发了超文本标记语言（HTML）和统一资源定位系统（URL），用以作为一种将所有计算机网络上的可用信息进行结构化及相互连接的统一方式，并使人们可以更加快速且更容易获得这些信息。虽然开发的初衷是满足大学和研究机构的科学家之间信息分享自动化的需求，但伯纳斯的标准化创造最终实现了与TCP/IP和DNS的联通，并由此推动了万维网的诞生，使普通用户更容易在网上发布及获取信息。

1993年，马赛克浏览器（Mosaic Browser）被正式推出，浏览器加网络的组合使自主探索和创建自己的HTML网页成为可能。似乎就在一夜之间，互联网迅速爆红，网站的数量从1993年的130个猛增到1996年年初的逾10万个。仅在1995年的一年时间里，相关历史性动态便不胜枚举，如微软推出Windows 95、发布IE浏览器，早期互联网先驱亚马逊、雅虎和eBay诞生，Sun微系统公司推出Java编程语言。Java编程语言支持在线动画制作，后来还引发了电子商务的迅速发展及其他在线活动数量的井喷式增长。到1995年，互联网、网络的存在已成为一大既定现象，使人类迎来了新型数字经济。

经济推动下，欧洲试图升级其数据保护法

当数字经济在大西洋西岸蓬勃发展之时，东岸政治经济一体化的进程正在如火如荼地进行着。十二个欧洲国家希望建立一个统一的欧洲内部市场，并确定欧元为其通用货币。最终，在1992年，随着《欧洲联盟条约》在荷兰小镇马斯特里赫特签署生效，由这十二个欧洲国家组成的政治联盟正式成立。随着家庭及商业领域计算机使用的扩大，各国纷纷开始制定相关法律法规，然而由于这些法规因地而异、存在分歧，它们实则阻碍了信息的跨境自由流动以及由互联网推动的新兴商业贸易的发展。

到20世纪90年代中期，非常显然，互联网的商业化使得跨界数字技术和跨境数据流动的发展迎来了一个崭新的时代。但随着欧盟本身不断发展，越来越明显的一点是，各成员国在隐私和数据保护方面采取的分散的做法，包括其早期的国家数据保护法提供的不同程度的个人保护，阻碍了自由贸易、数据的跨境流动以及欧洲

统一市场的最终形成。而这方面的不足也构成了第一批同时覆盖公共部门和私营部门的现代数据保护法诞生的核心驱动力。

1995年10月24日，欧洲议会及欧盟理事会通过了有关保护个人数据处理及其自由流通的《第95/46/EC号数据保护指令》（*Data Protection Directive 95/46/EC*，以下简称《95/46/EC指令》）。根据该指令，不同国家各不相同的法律及行政规定导致了"对公民的权利和自由，尤其是对个人隐私权的保护程度不同，这对于在共同体层面开展经济活动构成了障碍"。为了消除个人数据流动面临的这些障碍，该指令规定，要确保所有成员国在处理个人数据方面所规定的对个人权利和自由的保护程度是一致的。

立法者希望将《95/46/EC指令》设计为一种综合全面、以权利为基础的数据保护方案。称其综合全面是因为它是一部总括性的法律，可以广泛适用于任何部门的所有个人数据处理，无论是公共部门还是私营部门。实质上，《95/46/EC指令》在很大程度上受到了《经合组织准则》和《108号公约》中公平信息实践原则的启发。这三份文件都有着共同的核心原则：确保数据合法性、保障数据质量或准确性、安全性和保密性、进行目的限制、保障告知和透明、参与或获取，以及实行问责制。尽管《95/46/EC指令》提出了一系列处理个人数据的合法依据，但在如今以在线服务为背景的实践中，基于数据主体同意的处理方式仍将占主导地位。这一点我将在下文中作具体探讨。

虽然该指令旨在促进信息自由流动、破除欧盟内部商贸往来的障碍，但它却同时为欧盟外的国家设置了新的障碍。具体而言，即该指令禁止将个人数据传输至缺乏"适当保护水平"的第三国，少数国家除外。鉴于数字技术和由此产生的数据流具有无国界的性质，《95/46/EC指令》的这一特点将导致欧洲与包括美国在内的其他全球主导型经济体之间出现相当紧张的关系。

2000年7月，为了缓和这样的紧张关系，美国和欧盟展开谈判，并通过了由美国商务部拟定的"欧盟—美国安全港框架"。该框架为参与其中的各组织建立了一套具备法律约束力的开展公平信息数据实践的做法，其落实受到美国联邦贸易委员会和美国交通部的监督。

但随着商业网络不断催生出一系列技术变革和创新，数字经济的全面转型使得跨大西洋关系两岸国家在数据流动和共享问题上的分歧越来越大。这些分歧最终导致了"欧盟—美国安全港框架"的解体和就相关问题的重新谈判，也引发了一些经济刺激，它们对本着公平信息实践原则精神中进行数据保护的初衷构成了威胁。

美国法律和政策制定者重新解读公平信息实践原则，使其有利于商业

当欧洲还在努力围绕一个全面的、基于权利的框架来协调其法律时，美国正享受着经济的繁荣，这在很大程度上是由于美国转向了一个在政策上放松管制的时代。美国的管制放松政策始于里根总统，随后又得到克林顿总统的进一步巩固。伴随着互联网的普及和美国科技公司的蓬勃发展，美国经历了史上持续时间最长的牛市之一，这次牛市自1990年10月开始，一直持续到了世纪之交。在此期间，美股指数整体上涨了417%。正如一位研究人员所指出的，"新技术时代的想法对于20世纪90年代美股大牛市的出现起到了关键作用"。

由于不愿扼杀90年代由互联网技术所催生的已有及潜在的创新和商机，克林顿政府对电子商务采取了放任自由的态度。1997年7月，克林顿政府公布了《全球电子商务纲要》(*A Framework for Global Electronic Commerce*)，断言"到21世纪初，基于互联网实现的商业贸易，其总额将达数百亿美元"，并正式接受行业自

我监管。该纲要的核心指导原则包括"私营部门应发挥主导作用"、"政府应避免对电子商务施加不必要的限制",以及"政府应当认识到互联网的独特性质"等。

一年后,美国联邦贸易委员会几乎正式认可了消费者数据隐私的范式,将最初颇具广度和复杂度的公平信息实践原则缩减到仅剩两项原则:告知与选择(notice and choice)。正如法律学者弗莱德·卡特(Fred Cate)所言:"在20世纪70年代及80年代初刚被提出时,公平信息实践原则的含义丰富而广泛,它同时包含了一系列实质性(如数据质量、使用限制)和程序性(如同意、访问)原则。这些原则反映了一个广泛的共识,即在如今日益依赖技术的全球化社会中,我们需要一个标准来为个人隐私保护和信息安全流动保驾护航。"然而,在随后的几十年里,公平信息实践原则被越来越多地窄化为狭隘的法律原则,就好比如今的"告知与选择"原则,实则是"以程序性方法尽可能扩大个人对数据的控制,而非扩大个人或社会福利"。

"告知与选择"范式基于这样一个想法:个人能够充分了解数据收集与使用的目的与性质,并在此基础上决定是否同意数据收集与使用的进行。对此,1995年通过的《95/46/EC指令》采取了综合性的治理办法,美国则在20世纪90年代针对不同经济部门制定了特定的法律法规来扩展这一范式。这些法律法规包括了1996年的《健康保险可携性和责任法案》(*Health Insurance Portability and Accountability Act*)、1998年的《美国儿童网络隐私保护法》(*Children's Online Privacy Protection Act*),以及1999年的《格雷姆-里奇-比利雷法》(*Gramm-Leach-Bliley Act*),要求受覆盖的金融机构向其消费者提供年度隐私通知。

但将一个在数据库仍由政府主导的狭隘背景下所设想的方法推广到不断扩张的数字王国,包括将之视为商业环境中的核心消费者保护策略,将证明对于实现最初的数据保护作为隐私权之衍生权的崇高目标来说是致命的。正如卡特所感叹的:"今天,我们应用公平信息实践原则的最大失败在于以最大化消费者的选择来取代了在允许数据流动的同时保护隐私的最初目标。这么做的结果是,数据处理者、立法者和执法当局的精力都被耗费在了'告知'以及往往毫无意义的'征求同意'等环节当中,而没有用于加强隐私上。"美国的做法使得将数据保护视为基本隐私权之衍生权的最初愿景和目标被弱化,国际共识也开始出现裂痕。

美国的做法也是早期网络哲学及其网络自由主义思

潮所促成的结果，这种自由主义的特点是存在一种将线上世界和线下世界相分离的二元思维。早期的互联网先驱认为，他们所设计的网络空间是一个全新的世界，这个世界不应受到任何适用于现实世界的物理法则或政府法则的约束。1996年，电子边界基金会（Electronic Frontier Foundation, EFF）联合创始人约翰·佩里·巴洛发表了广为人知却又褒贬不一的网络空间独立宣言，作为对美国国会于当年通过的《通信规范法》（Communications Decency Act）的回应。颁布《通信规范法》是美国早期在立法层面一次非同寻常的努力，该法旨在打击日益增多的网络不良内容，也是第一部试图将一切规则同样应用于互联网的联邦法律。

这种网络自由主义思潮会使建立新法律法规的紧迫性或人们对此需要的认知受到抑制，其中便包括了那些有关数据保护和更基本的隐私权等最初目标的法律法规。

尽管立法者维护网络隐私的意愿不断加强，但"911"恐怖袭击大大打击了美国开展立法工作的势头。美国政府认为，互联网和硅谷各大型公司对情报部门开展工作起着重要作用，对此采取了全面而特殊的措施，将安全置于隐私、自由之上，包括于2001年通过了《美国爱国者法案》(*USA PATRIOT Act*),该法案极大地提高了政府进行监视和收集有关信息的能力。

欧洲着力推动数据保护法现代化

正当数字经济在美国蓬勃发展之时,欧洲仍在努力消除整个单一市场所面临的,包括数据流动方面的障碍。《95/46/EC指令》没有为欧洲带来其预想的数据保护上的和谐,部分原因在于欧洲法律框架下该指令性质具有特殊性。在数字经济落后于美国和其他盟国的情况下,随着电子商务的发展和跨境数据流的不断增加,欧洲将其注意力转向了促进经济增长。在1999年欧元启动后,欧盟委员会于2000年6月8日通过了欧洲议会和理事会的第2000/31/EC号指令,即《电子商务指令》(the e-Commerce Directive),其中涉及了有关欧洲内部市场的信息社会服务,尤其是电子商务的部分法律问题。《电子商务指令》适用于企业和消费者,旨在协调有关在线业务的法律并对商业行为者的责任义务进行限定。十多年的时间里,数据保护问题没有再被论及。

2012年,欧盟委员会正式提出取消欧盟1995年制定的《95/46/EC指令》。2016年4月27日,欧洲议会和理事会则在第(EU)2016/679号条例中明确提出,在个人数据处理和此类数据的自由流动方面保护自然人。欧盟委员会认为，鉴于自指令通过以来发生了深刻的技术变革，同时单一市场对跨境商务构成的新挑战不断扩大，十分有必要让成员国的法律实现更大程度的和谐统一。

虽然该指令规定了数据保护的共同标准，但它允许每个成员国以自己的方式来实现这些标准。到《通用数据保护条例》出台时，欧盟成员国的数量已经几乎翻了一番，尔后这些共同标准已经演变成二十多个不同的国家法律。作为一项欧盟条例（Regulation）而非欧盟指令（Directive），无论各国如何考虑，《通用数据保护条例》一经发布将立即在欧洲各国生效执行，这显然有助于欧洲国家法律的协调统一。但由于包括美国各大科技公司的积极游说在内的各种因素的影响，该项立法停滞了多年。与之前的指令一样，其更新同样受到了地缘政治和商业利益等因素的影响。

随着2015年欧盟委员会布了"单一数字市场"（Digital Single Market Strategy）战略，《通用数据保护条例》突然又回到了优先列表当中。时任欧盟委员会主席容克（Jean-Claude Junker）在规划发布当天的声明中称，"欧洲有能力引领全球数字经济，但目前还没有充分发挥自身优势。实体单一市场中不存在的碎片化和壁垒正在阻碍欧盟"。让28个成员国共同遵循一个统一的数据保护法，而不是在法律制定上各行其道，再对备案和行政审批环节进行简化，预计每年将为企业在欧洲的运营节省约23亿欧元。最终，成功的主张是，建立统一的数字市场将使欧洲的GDP总量增加4150亿欧元。《通用数据保护条例》是在这个明确的商业案例发生后，不到一年的时间内得以通过的。

从2016年4月于欧洲议会和欧盟理事会获得通过，到2018年5月25日正式生效，两年时间里，《通用数据保护条例》受到的来自国际各方的期待、解读和审查，也许比之前的任何欧洲法律都要多，部分原因在于其覆盖范围广泛。《通用数据保护条例》被誉为"新法律"，反映了在其起草时数字技术造成的广泛影响，它大大扩展了数据主体在有关信息及其获取、校正、删除（也被称为"遗忘权"），以及限制处理方面的有关的权利。它还引入了全新的数据可携权，强化了数据主体反对某些数据处理行为的权利，并且至少在理论上扩大了与自动决策和数据特征分析有关的权利。

同样重要的一点在于，《通用数据保护条例》提出了新的要求，要求数据控制者对部分高风险数据处理活动进行数据保护影响评估，并制定设计数据保护原则和默认数据保护原则，将数据保护的部分责任从个人转移到控制和处理数据的组织。此外，与之前的指令相比，《通用数据保护条例》对违规行为的处罚力度要大得多。

但《通用数据保护条例》呈现出的创新也基本止步于此。与《95/46/EC指令》一样，《通用数据保护条例》有两个主要目标：保护个人的基本权利和自由、促进个人数据的跨境自由流动，两者同等重要。因此，考虑到这些目标有时会相互竞争，它概述了处理个人数据的多种合法依据。根据定义，它不是"通知—选择"或"通知—同意"框架。当数据处理依赖于取得用户的"同意"时，《通用数据保护条例》要求同意必须以用户的积极行为为依托，是具体、知情、明确的，且"同意"与否是可撤销和自由给予的，相比之下，《95/46/EC指令》只允许默认选择同意或不同意。如果个人选择本身没有任何意义，那么同意就不是被自由给予的。但在具体实践中，至少到目前为止，与之前的《95/46/EC指令》一样，《通用数据保护条例》在很大程度上导致过分强调以"个人同意"作为在数字领域处理个人数据的合法依据，这一点若是放在如今的时代背景下，说服力明显弱了许多。

在《通用数据保护条例》成为法律时，数字化所推动的技术和经济变革已使如今的世界变得和《95/46/EC指令》问世时的世界截然不同。1995年，全球上网人口比例不到1%，而现在这一数字已接近60%。越来越多的人通过网络进行人际联系和其他各种活动。例如，全球每天的电子邮件发送量约为3200亿封，推文发布量超过5亿条。同时，每天产生约2.5×10^{18}字节的数据，部分原因是物联网（Internet of Things）的不断扩大。2012年，《通用数据保护条例》草案正式发布，各种智能装置和可穿戴设备、商业增强型和虚拟现实技术、人工智能和机器学习工具、区块链和去中心化分布式账本技术以及其他新技术的激增开始催生数字宇宙，其规模和复杂程度每年都在翻番，这点我将在第5章作进一步探讨。

尽管在《95/46/EC指令》到《通用数据保护条例》问世之间的二十多年里，科技发展日新月异，但两者在概念上仍有许多相似之处。值得注意的是，它们都以20世纪70年代和80年代，即数据库时代早期所达成的国际共识为基础。《通用数据保护条例》的七项核心数据保护原则与公平信息实践原则紧密对应。其中的合法、公平、透明原则（lawfulness, fairness, and transparency）、目的限定及储存限制原则（purpose limitation and storage limitation）、数据最小化原则（data minimization）、准确原则（accuracy）、完整和机密原则（integrity and confidentiality），分别与公平信息实践原则框架下的公开透明原则（transparency or openness）、目的明确及使用限制原则（purpose specification and use limitation）、收集限制原则（collection limitation）、数据质量原则（data quality）、安全保障原则（security safeguards）相呼应，最后，问责制原则（accountability）则两大框架均有提及。然而，无论这些原则在理论上有多么强的相关性，在实践中，特别是在如今数据驱动科技的边界和能力不断发展迭代的情况下，实现这些原则的方法已经显得颇为过时。

此外，尽管努力寻求彰显技术中立，但以《通用数据保护条例》为例的现有数据保护和隐私法对数字领域的看法仍显得陈旧。和《95/46/EC指令》一样，《通用数据保护条例》构想了一个理想化的二元对立的世界。个人数据和非个人数据、敏感数据和非敏感数据、匿名数据和假名数据、数据控制者和数据主体之间界限分明。在它们所假定的世界里，个人主要通过电脑屏幕或手机等二维图形用户界面（graphical user interface）来完成与已知实体的互动。通过这些屏幕界面，个人将获得关于其数据潜在用途的详细的书面通知，以及从理论而言对其数据的使用做出理性衡量和决定的机会。然而，正如我将要探讨的，新的现实状况正在迅速发生，并对这种模式提出了挑战。由于框架陈旧，加之用于全面执法的资源极其有限，《通用数据保护条例》至今尚未能够提供预期中的保护。

商业利益占主导的思维削弱了为更新法律而做出的努力，《通用数据保护条例》并未满足许多人对之报以的高度期待，从这个角度来看，它是相对失败的，而这点可归结为两大主要因素。第一，在《通用数据保护条例》由起草到通过的整个过程中，美国商业利益集团进行了强有力的游说活动，这直接导致了制定该法的初衷和野心受到削弱，这样的现象也同样出现在世界上许多其他数据相关法律法规的制定过程中。第二，由于美国的科技公司及平台在全球数字技术市场上持续占据主导地位，它们使得数据相关法律法规的制定初衷与实际应用之间的差距逐渐被扩大。总体而言，由于科技公司的游说努力及各种商业行为的综合影响，相关监管至今未能满足如今数字时代的需求。

《通用数据保护条例》也被视为"欧盟历史上遭遇

企业游说力度最大的立法之一"。早在整个立法历程开启前，围绕《通用数据保护条例》的游说活动便已开始，这一现象并不常见。2012年1月，在第一份正式草案公布之前，美国商务部就针对该立法提案提出了反驳，担心其会引发商业互操作性，进而对消费者保护的跨境合作造成潜在负面影响。美国各公司同样对该提案加倍关注，关注点包括了提高数据利用方的数据获取门槛、增强数据主体权利（尤其是数据的"删除权"，或称"被遗忘权"）、对数据可携带性提出新要求、规定额外的数据泄露告知义务、加重相关处罚，以及就跨境数据传输修订新规等。

2015年，仅谷歌一家公司就为欧盟立法花费了超350万欧元游说资金。谷歌是当年为此"砸钱"最多的单个企业，同时也是与欧盟委员会高层官员举行会议次数最多的利益相关者。谷歌的策略往往在于制造恐慌，大肆宣扬颁布此类法规具有破坏性，称"欧洲经济将因此毁于一旦"。除了直接攻击法案草案，美国商界的游说团体还利用贸易谈判、企业资助的研究和智库的思想领导力等其他工具，间接地削弱提案。迫于这样的压力，欧盟委员会最初提出的立法草案甚至在提交欧洲议会和欧洲理事会审议之前就已被大幅修改。实力强劲的科技公司就是通过这样的极力游说，来确保所颁布的法律只对他们愿意让步的部分作出规定。

随着时间的推移，商业实践和市场现实也削弱了《通用数据保护条例》的作用。从原则上看，《通用数据保护条例》的适用范围很广，可适用于影响欧洲各数据主体的所有数据处理行为，无论这一数据处理行为的发生地点，以及数据控制者或处理者所处地点在哪里。欧盟拥有超过5亿的消费者，是世界上最大的单一市场，为了能在这个巨大的消费市场顺利开展业务，各大公司有动力遵守该法规。在实践中，由于布鲁塞尔效应的影响，《通用数据保护条例》的适用范围甚至可能更广。希望进入欧洲市场的大型跨国公司可能会认为，相较于建立单独的合规制度，遵守《通用数据保护条例》的一般性规定并将此落实到全球范围的业务运营中会更加容易，也更具成本效益。

然而，由于美国公司对数字基础设施和由数据驱动的技术市场掌握着巨大控制权，这种布鲁塞尔效应的潜在效力在实践中反而被削弱了。《通用数据保护条例》和许多其他与数据治理相关的法律在很大程度上都是从企业政策的视角来诠释的，它们所讨论的个人隐私是压榨性商业关系中的个人隐私。美国东北大学法学院教授、隐私权领域学者艾瑞·伊斯拉·瓦尔德曼（Ari Ezra Waldman）将这种现象描述为隐私权管理主义（Privacy Managerialism），即维护隐私仅仅是一种合规行为，其核心是最大限度地减少法律对商业创新的影响，并不在于维护遵守隐私法的初衷。瓦尔德曼认为，"从企业风险的角度来界定隐私义务，只注重帮助企业避免问题，并不旨在实现一个确定的社会目标，即加强对用户隐私的保护以及对个人数据收集和处理的安全限制"。这种做法限制了《通用数据保护条例》等法律法规的潜在影响力的扩大，并导致将数据保护视为隐私权的延伸的初衷和目标被扭曲。

此类扭曲现象大行其道

尽管像《通用数据保护条例》这样的法规在理论和实践上都有局限性，但欧洲法规还是被普遍认为是现代数据治理法的黄金范本。根据可观察到的布鲁塞尔效应，欧洲的立法已引起世界数十个国家及地区的先后效仿。一些国家，如肯尼亚和乌干达，在《通用数据保护条例》颁布后首次出台了国家数据保护法，另一些国家则对其既有的数据保护法进行了更新或修正。例如，出于维系于2003年在《欧洲数据保护指导条例》（《通用数据保护条例》的前身）中得到充分性地位这一既得利益的考虑，阿根廷于2018年出台了新的数据保护法。《通用数据保护条例》同样促使印度、尼日利亚和巴西等国家将"部分适用"的数据保护条例扩大为更为通用的法律。这些全新或经更新的法律明显受到了《通用数据保护条例》核心原则及其规定的实质性数据主体权利的影响，共同构成了一种全球数据保护的底线。

当然，《通用数据保护条例》的深远影响也得益于欧洲更直接的战略和外交努力——欧洲通过各种双边、地区和多边论坛，以及与数据相关的贸易政策，促进了许多国家隐私和数据保护法的趋同化发展。欧盟委员会在其拟定的对非洲全面战略中提出了几大优先发展领域，如数字化转型、加强个人数据保护、促进数据安全流动等。欧委会还通过参与亚太经济合作组织的长期工作组等方式，帮助其他地区制定数据保护和隐私法。保护和推动数字服务市场发展的愿望在很大程度上依赖于数据跨境自由流动的实现，这种愿望也一直是促进数据保护的强大动力。

遗憾的是，虽然《通用数据保护条例》为数据保护设立了底线，但鉴于该法规中的许多限制已被输出到世界各地、为后者所效仿，并被跨大西洋背景下强大的商业动机和企业利益所影响和淡化，它也有可能成为全球立法的一大天花板。如同《通用数据保护条例》，由于商业现实和上述其他因素的阻碍，这些法律中潜在的重要而具有创新意义的特征，例如要求事先进行数据保护影响评估、将数据保护要求在经设计和默认情况下嵌入数字化流程，或提供有意义的数据可移植性机制等，都未得到充分重视或落实，这也就使得对隐私权的管理停于以合规为导向的层面，还未做到真正以人为中心。与此同时，数据泄露及数字工具和技术带来的明显危害不断增加，其频率之高和严重程度之深几乎导致了公众对当前危机的麻木不觉。在本书第二部分，特别是下一章，我将探讨公众意识是如何觉醒的。

PART 2
第二部分

数据，无处不在

DATA, DATA
EVERYWHERE

3

奇点现象

　　2018年春，有媒体爆出，英国咨询公司剑桥分析公司在未经脸书用户同意的情况下，获取了多达8070万脸书用户的个人数据，用以研究用户心理定位和进行政治广告。当时，剑桥分析公司能够在脸书用户不知情的情况下，收集其登录付费调查和个性测验等应用程序时留下的用户信息，以及其脸书好友的个人数据。

　　以往层出不穷的数据泄露事件已令许多人为之麻木，但此次剑桥分析公司丑闻的曝光瞬间触动了公众的神经，它向"无所隐瞒则不必担心隐私问题"的传统观念发出了挑战，令人大跌眼镜。对许多人而言，这次丑闻第一次清晰而直观地向公众显示了个人数据究竟能被利用到何种程度，掌握数据的一方又如何得以对人进行跟踪、分析和操纵，如何能够设计出事关重大的政治结果。同时，它也暴露了以个人数据为驱动、有针对性及行为定向的广告投放所具有的侵扰性，而这些广告恰恰驱动了如今举足轻重的社交媒体平台和大部分数字经济的发展。2019年，热门纪录片《隐私大盗》(*The Great Hack*)重述了剑桥分析公司事件，并揭露了脸书和谷歌等数据饥饿型社交媒体服务的阴暗面，它们破坏了科技公司与消费者之间的信任关系，掀起了一场"科技抵制潮"(techlash)。

影片播出后，求助的呼声越来越高，典型的表现在于人们对数据现状的绝望情绪加剧，越来越多的人意识到并认为数字生态系统已经出现了问题或偏差，这一点对美国人的心理产生了深远影响。例如，独立民调机构皮尤研究中心(Pew Research Center)2019年的一项研究表明，超过81%的美国人认为他们对各公司收集的数据几乎没有掌控权，这些数据收集的潜在风险大于好处，同时，79%的人对公司如何使用他们的个人数据表示担忧。

由于人们无法控制个人数据被收集、共享、使用和操纵，在一种集体愤怒和绝望的驱使下，有关"数据"的话题很快在企业会议室、立法机构、学术界、G20等国际会议甚至流行文化中蔓延开来。2018年5月，"个人数据"和"《通用数据保护条例》"的谷歌搜索量均达到历史峰值。大约在同时，类似芬兰我的数据(My Data)的、以"通过增强个人对其数据的掌控权为个人赋能"

为使命的民间组织也在各大洲国家萌芽发展。

本章将探讨这种思潮的转变和对数据治理危机的集体绝望如何刺激立法者和政策制定者、工程师、学者、企业家开始将数据作为一个需要解决的问题来对待，以及这种痴迷如何催生出一种错误的数字技术治理方法，从而导致了地缘政治的进一步分裂。

		企业	政府
缺乏控制	他们对于被_____收集的自身个人信息把控有限/无法把控	81%	84%
风险大于收益	_____收集其个人信息的风险大于收益	81%	66%
对数据使用的担心	他们非常在意/有些在意_____如何使用所收集的信息	79%	64%
对数据使用的了解不足	他们对_____对收集到的数据做了什么知之甚少/一无所知	59%	78%

美国公众对于隐私权的态度。注：未作答或作其他回答者未显示。该调查题为"美国人与隐私权：担忧、困惑并感到对个人信息缺乏控制"，于2019年6月3日至17日进行。来源：美国皮尤研究中心。

美国立法者旨在让人们控制自己的数据

伴随着人们对数据的日益痴迷，大量与数据保护和隐私相关的法律法规草案在世界各地相继出台。美国亦不例外。2018年6月，加州议会两院通过了《加州消费者隐私法案》(*California Consumer Privacy Act*)，它是美国第一部最全面、同时也是最严格的隐私领域重要法律。事实上，加州议会在提出《加州消费者隐私法案》的议案中直接引用了剑桥分析公司的丑闻，提到"2018年3月，数千万人的个人数据被剑桥分析公司泄露……来自现实的挑战令我们对隐私把控和数据实践透明度的渴望更加强烈"。

与《通用数据保护条例》不同，《加州消费者隐私法案》不要求企业持有收集与使用敏感数据的合法依据，它的适用范围也窄得多，不包括其他特殊行业或领域的隐私立法中所涉及的健康和医疗数据、信用报告机构处理的个人信息，尤其是公开信息。《通用数据保护条例》更强调经济主体的义务，明确了对各项不合规行为的处罚；《加州消费者隐私法案》则更注重数据安全，倾向进行相对被动的风险缓释，只在违规行为发生后才实施处罚。但二者最关键的区别或许还是理念的分歧。《通用数据保护条例》从个人基本权利的角度出发，涉及公共部门、私营实体等所有处理个人数据的实体，而《加州消费者隐私法案》则从营利性公司与其消费者之间的商业关系出发，仅适用于以获取利润或经济利益为目的开展经营活动的企业。

在《加州消费者隐私法案》生效后不久，为了回应外界对其漏洞的尖锐批评，加州又通过了《加州隐私权法案》（*California Privacy Rights and Enforcement Act*，即 *The California Privacy Rights Act*），将于2023年正式生效，代替《加州消费者隐私法案》。《加州隐私权法案》提出了扩大消费者的现有权利、引入新的权利等多项改进措施，同时还成立了一个新的机构——加州隐私保护局（California Privacy Protection agency），推动企业对第三方数据处理者负责。尽管存在明显局限，《加州消费者隐私法案》仍然意义重大。作为美国第一部全面的数据隐私法，它为各行业企业规定了需履行的义务，努力为消费者提供更高的数据使用透明度和更完整的个人数据控制权，同时也对美国其他州以及联邦立法产生了巨大的推动作用。

继《加州消费者隐私法案》之后，内华达州、弗吉尼亚州、科罗拉多州、康涅狄格州、犹他州等多个州也纷纷出台了隐私领域的综合立法。《加州消费者隐私法案》还引起了其他州的提案热潮，这些提案围绕广义的消费者隐私展开，涵盖了与数据代理方及互联网服务提供商所掌握的个人信息、儿童网络隐私、网站隐私政策、生物识别信息、数据安全标准等相关的治理措施。2019年，共计超过25个州提出或提交了消费者隐私立法提案，2020年增至30个州，外加波多黎各自治邦，2021年则增至38个州。

在考虑到民众情绪转变、希望在立法上领先于《加州消费者隐私法案》及各州等因素的共同推动下，联邦层面的隐私立法提案也开始大量涌现。在2018年和2019年间，美国国会提出了至少10项联邦数据隐私提案。

新冠肺炎疫情分散了第116届国会进行隐私综合性立法的精力，却促成了2020年针对疫情的隐私法案的问世。此后，随着疫情态势趋于稳定，2021年，第117届国会重新启动了联邦隐私立法，两党议员提出多项议案，其中一项获两党支持的在线隐私议案得到了众议院下属的能源和商务委员会（The House Energy and Commerce Committee）的支持。与各州的做法一样，联邦层面也提出了一些其他议案，以期解决互联网服务提供者的义务、面部识别技术和儿童网络隐私等与隐私相关但聚焦范围更窄、更具针对性的问题。

虽然联邦议案更多是以美国哲学理念为基础，但仍同时呈现出了《加州消费者隐私法案》和《通用数据保护条例》所具有的特点，甚至如同二者的结合。大多数议案的表述重点在于"消费者"而非"人"，它们在消费者是否必须选择与商业实体共享其数据方面的规定各有不同，并引入了新的执法工具和执法机制。这些议案中的绝大多数仍以个人信息使用由个人控制的想法为支撑，以"告知与选择"或消费者同意为基础框架。然而，面对数字环境不断扩大的规模和与日俱增的复杂性，这样的目标变得越发不可能实现，自然也削弱了议案的信服力。

几乎所有议案都坚持了传统的二元论和错误的二分法，如生硬区分了在线活动和离线活动、个人数据和非个人数据、敏感数据和非敏感数据。然而，这些体现二元论的做法在实践中并不一定站得住脚。例如，我们知道，在物理世界收集的数据，如通过零售信标（Beacon）技术收集的消费者数据，会被用来追踪和暗中控制我们的在线活动；相反，通过数字手段收集的数据也会被用来跟踪及监视我们的物理移动。同样，我们也见过，通常不被隐私相关的法律法规视为敏感信息的杂货店购物行为，是如何被用以协助进行有关医疗保险或社交评分算法的关键决策的。我们认识到，个人数据和非个人数据之间的区别往往在于数据本身对不同的个人加以区分的能力，但如今这一界限正在被迅速淡化。

只有少数在剑桥分析丑闻之后出现的提案体现了一定程度的质的改变。例如，夏威夷州民主党参议员布莱恩·沙茨（Brian Schatz）提议对在线服务提供商规定类似医生、律师和其他专业人士对其病人或客户所负责任的信托式责任，即做到对客户的数据保持谨慎、忠诚和保密；俄亥俄州民主党参议员谢罗德·布朗（Sherrod Brown）则试图将数据收集和共享限制在所列举的、被允许的目的范围内，禁止将个人数据用于歧视性目的，并建立数据保护机构。占据强势地位的科技公司和行业财团利用游说反对对数据的强力保护，使隐私立法打了折扣，甚至在某些情况下擅自草拟法案，这些提案存在明显局限便也不足为奇了。

除去出现了声称旨在加强个人对其数据控制权的立法提案，一些政策制定者还开始呼吁进行"数据分红"或建立用个人数据获利的企业与用户进行分成的机制。《加州消费者隐私法案》颁布后，加利福尼亚州时任州长加文·纽森（Gavin Newsom）也提出了"数据红利"的构想。在对什么是数据红利、数据红利如何在实践中发挥作用没有达成共识的情况下，各种提议不一而足，有人建议直接向个人支付款项以换取其对个人数据的分享，有人则建议通过对公司的数据收集活动征税来间接回报提供数据的消费者。随着谷歌和脸书等大型科技公司市值不断飙升，数据红利运动激发了公众的想象力。

美国前民主党总统候选人安德鲁·杨（Andrew Yang）则进一步推广了这一理念。他支持更传统的全民基本收入方案，呼吁将个人数据视为财产，并提出了一些数据主体权利，包括数据持有人应可知晓"哪些数据被收集、这些数据如何被使用"，同时有权"选择放弃数据收集或共享"、"获知网站是否拥有其数据，以及这些数据是什么"、"要求删除与其有关的所有数据"、"以标准化格式下载所有数据以移植到其他平台"。换言之，即个人拥有对其数据的知情权、访问权、删除权、移植权等。这些权利至少从表面上来看，非常具有《通用数据保护条例》的风格。但与《通用数据保护条例》规定基本权利不可放弃不同，安德鲁·杨提出的政策规定，"如果你愿意，你可以选择放弃这些权利、进行数据共享，为公司带去利益的同时也方便自身。这种情况下，你就应该获得一份由你的数据所产生的经济收益的分红"。

当然，并非只有美国痴迷于数据，在其他一些国家，有关消费者数据权（CDR）议案的提出同样体现了这种痴迷。与《通用数据保护条例》框架下的数据可携带权相类似，消费者数据权规定，消费者有权介入指定机构和经认可的组织与第三方分享其信息的过程。例如，澳大利亚于2019年8月颁布了消费者数据权相关法规，最初覆盖金融服务业，后续又扩展到了能源和电信行业。消费者数据权的目的在于便利消费者做出知情选择，同时促进企业间的良性竞争，为消费者能够更好地获取和控制其数据创造可能。然而，与《通用数据保护条例》中的数据可携带权这一基本权利不同，消费者数据权从根本而言只是一个市场主导型的辅助工具。例如，根据澳大利亚的法律，消费者的定义较宽泛，同时包括了商业实体，这就意味着企业和个人都将拥有同样的权利。

在欧洲，《通用数据保护条例》被誉为以权利为基础的数字治理方法的巅峰之作，可即便如此，在剑桥分析公司丑闻的阴影之下，以市场为导向的数据痴迷同样在这片土地增长起来。2020年，欧盟委员会提出了新的欧洲数据战略，其中包括了一项新拟定的《数据治理法》（*Data Governance Act*），旨在"通过提高对数据中介的信任，增强整个欧盟的数据共享机制，从而提升数据的可用性"。它设想了新的数据共享服务，"在新的数据驱动的生态系统中，在数量不确定的数据持有者和用户之间搭建中介"。《数据治理法》通过后不久，2022年，欧洲又推出了《数据法》（Data Act）草案，旨在"确保数据经济中数据价值在参与者之间得以公平分配，并促进数据的获取和使用"。虽然《数据治理法》和《数据法》都无意损害《通用数据保护条例》规定的各项基本权利，但它们实则代表了一种转变，即把经济权利和基于市场的数据治理机制置于首位，它们所用的语言也是"用户"和"消费者"，而非"数据主体"或"公民"。

这两份法案立刻引起了欧洲数据保护机构人员的关注。例如，关于《数据治理法》，他们指出，"数据共享服务作为'在数量不定的数据持有者及数据使用者之间扮演中介'角色的平台，类似一个公开的数据交易场所，这一概念可能违背设计和默认情况下的透明度、目的限制等一系列隐私数据保护原则"。对于《数据法》，他们则强调，其内容必须遵循设计及默认的数据保护要求。最后，他们告诫说，"从人的基本权利这一角度来看，在没有充分考虑个人数据保护问题的情况下就确定数据驱动型经济框架下总的政策制定趋势，必然会引发许多争议与担忧"。然而，尽管存在上述担忧，欧洲立法者还是推进了这两项法案。

市场寻求让人们拥有、控制甚至出售个人数据

在立法者作出努力的同时，私营部门也利用民众的情绪和经济向数据驱动型发展的趋势为自己带来了商业机会，催生了日益拥挤的由应用程序、数字平台及其他数字工具构成的市场，这些数字工具承诺通过重要技术手段帮助个人拥有、控制其个人数据，甚至将个人数据货币化。由于深信脸书和谷歌等大型科技公司集中式的数据收集和存储是导致剑桥分析丑闻的根源所在，大批私营部门实体和新兴科技公司开始支持这样的说法：数据管理的去中心化是恢复控制的关键。

这场运动背后的技术专家们相信，包括数字钱包、加密技术、先进的计算方法和协议在内的软硬件工具的结合确实可以帮助解决数据治理的危机，却在很大程度上忽视了社会、商业和政治层面的问题。他们大力宣扬Web 3.0的优势，热切地想要建立一个由点对点架构模式（Peer-to-Peer）而非客户—服务器模式（client-server model）驱动的去中心化的互联网。在新的网络环境

中，数据的存储和传输通过去中心化协议而非中心化数据库进行。去中心化的尝试目前主要依靠未经测试和试验的新技术，例如以区块链、分布式账本（DLT）。其倡导者承诺，个人将可以完全自主控制和决定何时以及如何分享自己的个人信息。

例如，"万维网之父"蒂姆·伯纳斯-李发起了一个项目，允许个人将数据安全地存储在去中心化的个人在线数据存储单元（PODs）中，并通过名为Solid的开源软件协议对可信的数据共享进行授权。线数据存储单元类似于个人数据的数字保险箱或存储柜，其所有者可要求网站或其他主体在访问当中的数据前进行身份验证，也可以随时撤销访客的访问权。理论上该项目可以做到如此，然而在实践中暂时还没有办法强制主体删除、销毁或遗忘它们访问的任何数据。Solid只是个人数据存储或个人数据保险不断发展的一个缩影。这类技术旨在允许个人掌握并监控存储在其个人设备（通常是智能手机）上的数据访问、共享和计算情况。

与此同时，世界经济论坛等有影响力的机构更进一步，倡导商品式的数据交换，允许个人通过出售个人数据获得收入。很快，大量声称能帮助人们通过"出售"

个人数据赚钱的数据市场和数据货币化平台如雨后春笋般涌现。例如，英国的初创公司digi.me推出了全民基本数据收入（Universal Basic Data Income）应用程序，与传统的全民基本收入概念相呼应，提出能"保护你的数据，尊重你的选择，保证你能从每一次刷卡和点击、从迈出的每一步中获得丰厚的补偿！"全民基本数据收入应用程序还允许用户通过完成有关体育、旅游等主题的调研获得报酬。

同样，一个位于新加坡的基金会承诺通过创建一个去中心化的、基于区块链的个人数据销售和交换市场来启动"新数据经济"。另一个基于区块链的数据市场则声称，能使用户通过被称为"智能合约"的自我执行代码来买卖个人数据流。似乎就在一夜之间，专业化的数据市场出现，允许人们出售不同类型的个人数据，如位置数据、健康数据和敏感的基因组数据，甚至还可以将自己的面部数据出租，用于为深度伪造（Deepfake）和其他人工智能工具的创作提供素材。

数据货币化方案面临的管理上的关键障碍是个人数据定价的困难，原因在于，数据点与语境相关，也具有时效性，其价值可能随着时间的推移而减损。

世界经济论坛和数据货币化计划的支持者认为，经济上的激励措施将推动人们参与到数据市场当中，消除他们对隐私或数据保护问题的担忧。但有证据表明，个人数据的价值并不像公众认为的那样高。据最新估计，大多数人的个人数据售价远低于1美元。例如，一位科技类记者利用几周进行了一项实验，他通过各种去中心化和基于区块链的平台对自己的个人数据进行数据货币化，结果仅赚取了0.3美分。

各科技巨头似乎也没有给予个人数据更多的重视。在偏高端市场，脸书向青少年支付每月20美元的虚拟专用网络安装费，从而可获得这些青少年手机的完全访问权。这点让隐私权倡导者感到震惊，也引起了监管机构的审查。亚马逊也有类似的做法，它给予用户每人10美元的消费信用额度来获取他们的生物掌纹信息，并提供价值25美元的亚马逊礼品卡，用以对用户进行三维人体扫描。这些做法实质上都是企业在通过自己"付钱"来换取用户的数据信息。我们很难说这些交换是公平的，其背后存在巨大的风险和用户单方面的妥协，尤其是我们无法确定在未来这些信息将被如何使用。

即使撇开商业现实和管理上存在的挑战不谈，人们对基于个人数据所有权、控制权及其货币化的法律、商业和技术建议的担忧也要大得多。

注重数据且过度个人主义的方法存在的缺陷

考虑到当今数字世界的性质及其复杂性，一个人几乎不可能通过对其个人数据所作的选择来对自己在数字世界中的体验进行任何有意义的控制。早在2014年，美国政府的一份报告就承认，作为消费者隐私执法基础的个人"告知与同意"概念已变得行不通。正如该报告所指出的，"用户真正去阅读这些通知，并在点击按钮表示同意之前理解这些通知的含义，这样的情况只会存在于幻想的世界当中"。鉴于当今涉数字元素的互动量越发庞大，被应用的技术也变得日益复杂，要求数据由个人进行掌控的呼声越发如同天方夜谭。正如我们将在第5章中所看到的那样，上述模式也与我们即将步入的后数字时代的现实不符。

长期以来，隐私保护专业人士和满怀学术热情的学者们一直在研究这样一种观点，即通过要求个人对其个人信息行使更多的控制权，有助于实现有意义的隐私保护。对此他们基本持否定态度。美国东北大学法学和计算机科学教授伍德罗·哈茨格（Woodrow Hartzog）认为，"监管者和法律设计者几乎将有关隐私的一切都建立在控制的概念上，这样的做法是错误的"。哈茨格称之为"控制幻觉"（control illusion），并解释道，个人控制的方法效用有限，难以扩展。它还有可能取代其他重要目标，比如，它首先限制了数据收集。更重要的是，将控制置于优先地位会将数据管理的负担以及管理失败和数据滥用的风险转嫁至个人身上，从而掩盖了现代数字经济中存在的权力不平衡问题。

好比控制是一种幻想一样，倡导个人数据所有权或数据货币化对于解决任何权力结构问题都几乎无济于事，相反，它们会使一个系统趋向固化。在这个系统中，每个人单独行动，做出一系列让步，从个人角度出发来看，这些让步似乎无足轻重，但随着时间的推移，在众人的共同作用下，会导致权力逐渐向力量强大的一方大规模让渡。此外，向个人支付分享数据的费用则从经济角度进一步助推了这种权力让渡。正如哈佛商学院教授肖沙娜·祖博夫所言："如果只是将这背后的危害简单归结为用户提供数据原材料却不收取任何费用这一显而易见的事实，那就太荒唐了。这种浅层的批评是一种误导，其实质是想利用定价机制将以制造和销售为目的的行为制度化，进而再使其合法化。"

正如我们逐渐认识到的那样，如今我们面临的技术治理挑战从根本而言是关乎权力的挑战。人与企业之间、人与政府之间，以及越发突出的企业与政府之间的权力对比严重不对称，权力的行使和决策方式存在问题，在人工智能、先进的机器学习和算法决策等日益复杂且不透明的技术面前，个人所掌握的权力被不断削弱，个人基本权力面临威胁。几乎只关注技术工具或数据的极端个人主义的做法只会顺应并固化现有的知识、能力和权力的不对称。这些不对称侵蚀了个人权力，并使我们进一步走向将人的生活经历与数据推向商品化的道路。

这些极端个人主义的数据治理方法违背了法律和政策的一般原则。数据保护源于隐私权，旨在平衡个人与广大公众之间的权利和利益，并承认有时必须以后者为优先。这也是法律总是为数据的处理提供不止一个依据的原因，除去个人同意之外，还有可基于他人和社会的利益而作出的其他选择。倡导新自由主义的法案以个人对数据的所有权或控制权为首要原则，与数据保护概念相悖。这些法案也体现出了与非西方价值观和文化的不一致，比如以中华儒家思想或南非乌班图（Ubuntu）思想为代表的传统文化显然更强调集体性。最终可见，以数据为中心的个人主义的方法难以应对愈加需要跨境合作及共识的集体挑战，而且会分散我们对于保护人这一数据保护初衷的注意力。

更多集体性方法出现，但仍受制于数据痴迷

在认识到个人主义的数据保护和隐私观点存在局限性后，许多新提案转而强调更加注重集体的数据管理方法。尽管这些提案不尽相同，但其中相对更受欢迎的部分可归为三大方面。第一，通过组建数据工会、数据合作社和数据信托等新型实体，努力确立数据集体或集合权益。第二，通过创建新的区域，如数据共用区、数据银行或其他共同数据空间，努力加强和促进数据共享。第三，为集体性或共享性的数据管理制定技术方案，开发各种技术工具。对于这一方面，由于现阶段这些提案暂没有得到实践层面的广泛支持，方案中所提及的术语的定义和用法仍在演变之中。但是，对目前出现的各种新趋势以及它们相对的优劣进行分析评估，是一项非常值得进行的工作。

第一，组建数据工会等新型实体。数据工会概念的出现通常源于将数据视为劳动内容或一种类似于人的劳动产物的数据观。与传统工会一样，数据工会将成为以创造数据为工作内容的劳动者群体的集体谈判工具。建立数据工会的构想在于，这样一个组织可以与大型科技公司谈判，从而为从事数据创造的员工争取更好的工作条件，乃至更好的薪资。数据工会有时也被称为数据合

作社，它们的理念大致相同，即数据工会或数据合作社的成员都会一定程度地将对个人数据的决策自主权和控制权让渡给前者。数据信托则是一种保障信息安全的法律组织结构，旨在为某些数据集提供独立的管理。数据工会或数据合作社可能会也可能不会为管理其成员的数据而组建数据信托。

数据工会、数据合作社及数据信托等新实体的核心创新之处在于，它们将数据作为一种集合资源而非个人资源。然而，它们面临的主要挑战包括，如何避免现存的数字生态系统中介所提出的问题，如何在不危及其独立性的情况下为其提供资金，以及如何确定其允许的数据使用目的。例如，如果数据工会最终将帮助个人规避法律法规，我们是否还应允许数据工会的成立？从公共政策问题的角度看，允许建立以利润最大化为主要目的的数据信托、为成员让渡个人数据争取更多经济回报的数据工会，又是否妥当？

第二，创建新的区域。以公共数据空间（data commons）为主要形式，也称为数据银行（data bank）。这类提案较少涉及集体谈判，而更侧重于加强和促进数据共享，以及在尊重个人隐私和做好数据保护的前提下，为广泛获取数据提供便利。2020年，欧盟委员会在其发布的《欧洲数据战略》(*A European Strategy For Data*)中建议，在制造、卫生、金融、能源等各行各业中建立辐射整个欧盟国家的共同数据空间(common data spaces)，这一提议随后成为欧盟《数据治理法》的一部分。创建这类空间背后的理念在于将特定部门的数据汇集到一个共同的数据空间(common data space)或公共数据库(public data bank)中，个人或组织可出于研究或创新等多样化的目的访问这些数据。从这一角度看，这些提案的目的也在于防止数据作为一种公共资源被垄断。公共数据空间同时唤起了人们对其他公共资源的关注，包括如何避免公地悲剧(tragedy of the commons)。

虽然这些解决方案在某些方面超越了个人主义，利于改善现状，例如试图解决权力不对称问题或改善数据获取过程以防止垄断，但它们始终效果有限。建立的新实体仍然遵循基于市场的规则，只能渐进改善人们的生活实践，难以取得根本性的突破。例如，数据工会的成员可能会通过谈判来换取一些数据，但他们对数据购买者最终如何处理数据仍然不具有发言权。就如同工会无法代替劳动法或就业法一样，数据工会的出现也不等于能有效解决数据管理问题。同理，创建新的数据空间虽然可以遏制那些可能被迫共享数据的私营部门的部分市场力量，但并不能改变市场的基本面或既有的数据规则。更糟糕的是，这些想法可能会导致"内部群体"（in-groups）和"外部群体"（out-groups）的分化，使一部分人得到更有力的保护，另一部分人得到的保护则明显有限，而划分群体的依据在于个人所属数据工会的质量或其数据的可操作性、可转让性的水平。

在已出现的集体性提案中，暂没有一项能阻止有害的数据相关做法并加强或扩大个人权利，使个人能够免受可能进一步威胁其自由度、自主权的新做法的影响，也没有一项能解决应如何制定数据方面的规则规范的问题。从许多方面来看，这些新措施实际上只是在维护现状，延续着将个人数据作为商品、将人的经历作为榨取商业利益的原材料的做法。因此，这些措施很大程度上仍然是在用以市场为主导的方法来解决非市场层面的重要问题。最终，这些更具集体性的方法还是失败了，一个不那么明显的原因在于：它们在很大程度上仍然是围绕数据的概念来展开的。

在下一章，我将探讨大型科技公司是如何利用对数据的痴迷侵蚀了数据保护和隐私法的初衷，进而使人们面临更大风险的。

4

数据隐私，沦为帮凶

在"剑桥分析"事件和随之而来的科技抵制潮之后，各主要科技公司加强了围绕隐私权的公关活动，其中包括了呼吁立法者和政策制定者出台新的隐私法律法规。但这些公司实际采取的战略却与此大相径庭。它们将隐私与控制数据的保密性和安全性画等号，显然，它们对隐私的理解更狭隘、更技术化。在这些科技公司的助力下，对隐私权的如此解读渗透进了以数据为中心的法律法规中。

为应对公众不满的情绪以及法律对数据收集、处理活动的打击，大型科技公司开始越来越多地依靠技术解决方案和数学方法来规避新法律。法律更加关注从用户处直接收集的数据，各公司则开始反其道而行之，更多地依赖通过使用人工智能和机器学习工具等其他手段间接获得的数据。同理，由于许多法律都围绕着公司与作为客户的消费者之间的关系展开，公司则尝试突破这层商业关系，通过数据经纪人、政府记录和其他公开资料等途径收集或推出数据。随着法律对个人数据和非个人数据的区分越发明晰，各公司开始越来越多地寻求利用聚合、匿名化和去标识化技术来继续掌控数据并从中获取洞察。

反过来，这种狭隘的隐私观，在技术工具及方法的支持下，将有助于企业宣扬隐私的好处并维持其压榨性业务开展的现状，同时允许他们进一步巩固对于个人和政府的权力。打着Web 3.0或元宇宙旗号的新兴挑战型公司也会对隐私持有类似的狭隘的、技术向的观点，支持现有大型公司并重蹈其覆辙。

本章探讨了业界如何将隐私狭隘地概念化为关乎数据保密和控制的技术实践，从而有可能将一度强大的隐私概念转变为企业开展监视和控制活动的帮凶。

隐私公关攻势

2018年10月，第40届数据保护与隐私专员国际大会（ICDPPC）于比利时布鲁塞尔举行。这是一个面向全球数据保护监管者的高规格会议，具有非凡影响力。会上，苹果公司首席执行官蒂姆·库克（Tim Cook）发表了主题演讲，表示："苹果公司坚信，隐私权是一项基本的权利。"库克同时谴责了正在蓬勃发展的"数据工业复合体"，提到"在这种复合体中，无论是日常信息还是更深入的个人信息，都在以军事效率被利用着，用来对付我们自己"。此后不久，苹果公司打出了"你的数据，由你做主"等品牌口号，并推出了新的隐私保护功能，例如"应用程序跟踪透明度（App Tracking Transparency）"。用户更新系统后，所有应用程序在收集用户数据并用于跨应用程序投放时，都必须单独弹窗提示、并获得用户同意。

2019年，在全球最大、最具影响力的消费技术大会之一的拉斯维加斯消费电子展举办期间，苹果公司同样引发热议。当时苹果公司在会展中心场外拉起一块以隐私、安全为主题的巨幅户外广告牌，以显眼的白底黑字写道"在苹果手机上发生的事，只有苹果公司知"（What happens on your iPhone, stays on your iPhone）。许多人认为这次活动是对脸书和谷歌的一次抨击，也是苹果公司意图在隐私保护措施上与竞争对手区分开来的一次尝试。不过，虽然苹果率先将隐私保护作为竞争优势，不久后，其他科技巨头也纷纷效仿，围绕隐私展开了各自的公关攻势。

与苹果一样，微软也承诺"努力为隐私权争取法律保护"，同时继续利用"易于使用的工具和明确的选择"

来表达以用户控制为基础的关于隐私权的愿景。2018年5月，微软宣布将自愿把《通用数据保护条例》提到的数据主体权利扩展到其全球所有客户手中，并开发出了隐私仪表盘，为用户"控制其个人数据提供所需的工具"，同时在美国国内游说联邦隐私立法。在《国会山报》的一篇专栏文章中，微软首席隐私官呼吁国会制定联邦隐私法，使消费者能够"控制自己的数据"，同时告诫道"美国法律不应照搬《通用数据保护条例》"。与此同时，微软在华盛顿州、亚利桑那州、夏威夷州、伊利诺伊州和明尼苏达州都积极推动了州一级的立法提案，然而这些提案却被隐私权倡导者和消费者团体批评"漏洞百出"。

2019年3月，在剑桥分析公司事件曝光整整一年后，扎克伯格在《华盛顿邮报》上发表专栏文章，公开游说政府更新互联网规则，加强对四个领域的监管——有害内容、选举诚信、隐私和数据可移植性。在文章中，他主张"根据欧盟《通用数据保护条例》制定全面的隐私立法"，并强调该立法应"保护人们选择自己的信息如何被使用的权利"，却又同时继续将数十亿用户转移到《通用数据保护条例》管辖范围之外，以规避其监管。

一个月后，在脸书的年度开发者大会上，尽管脸书在侵犯隐私方面饱受诟病，扎克伯格仍然宣布"未来是私密的"，这引起了人们的关注。扎克伯格用文字阐述了他的愿景，他解释说，"我相信，通信的未来将越来越多地转向私人加密服务，人们可以确信他们对其他人说的消息是安全的，他们的信息和内容也不会永远存在"。换言之，扎克伯格对于隐私的愿景是建立在由脸书所拥有和控制的应用所实现的安全、私密的通信基础之上的，究其根本，他并没有将隐私视为一项个人的基本权利。

2018年到2019年，谷歌同样强化隐私公关，在宣扬个人的"选择和控制"上加倍发力。谷歌此举被一些人称为其"隐私转向"（pivot to privacy）。以维护用户的"隐私"为名义，谷歌宣布了对其产品和服务进行的一系列调整，包括更新其网页访问统计工具谷歌分析的功能设定，停用紧急定位共享应用，调整针对浏览器插件的程序编程接口（API）权限，逐步排除谷歌Chrome浏览器中的第三方Cookie数据等。谷歌首席执行官桑达尔·皮查伊（Sundar Pichai）在《纽约时报》的一篇专栏文章中写道："为了让隐私成为现实，我们将为您的数据提供清晰而有意义的选择。"针对苹果公司，桑达尔补充道："隐私不能成为只能提供给有能力购买高端产品和服务之人的奢侈品。"与扎克伯格一样，他也表示支持全面的联邦隐私立法，以便"为个人和整个社会提供一致且普遍的保护"。

在积极开展公关活动的同时，一众科技巨头公开宣称支持美国联邦关于隐私保护的全面立法，却又在暗地里不断游说，支持大打折扣的立法提案。甚至连亚马逊时任首席执行官杰夫·贝索斯（Jeff Bezos）也非例外。他与出席了美国企业圆桌会议的另外五十位首席执行官一同签署了一封联名信，呼吁美国国会通过一项联邦隐私法，却又在其总部所在地华盛顿州阻挠相关立法的推进。然而，尽管多方都声称要"将隐私权视为人的基本权利"，对各自愿景的阐述理想又高尚，但业界的做法仍然表明，它们对隐私权的解读实际并非如此，而且远没有那么全面、透彻。

隐私增强技术

在公关层面大举发力的同时，大型科技公司也热衷于接受和采用所谓的隐私保护或隐私增强技术（Privacy-enhancing technologies，缩写PETs）来安抚公众，制造出了遵守现行法律法规的假象，并试图避免更激进的法律和监管干预。虽然对于何为隐私增强技术没有统一的定义或标准，但该术语通常用来指一系列有助于降低数据隐私和安全风险的技术手段、工具和方法。常见的隐私增强技术例子包括：同态加密、安全多方计算等加密保护协议；差分隐私等匿名技术；以零知识证明为例的数据假名化、数据混淆和数据脱敏方法；终端设备机器学习；人工数据合成法等。

例如，2018年，亚马逊开始使用"隐私感知数据处理"（privacy-aware data processing）一词来描述其如何将"最先进的隐私增强技术"集成到其所有产品和服务之中。一个具体的例子便是，亚马逊大力推进了其对差分隐私的应用。差分隐私是一种诞生于21世纪初的匿名技术，旨在通过数学噪声的注入来掩盖特定数据库或数据集中的个人身份，从而降低有害数据遭披露或数据受恶意使用的可能性。亚马逊解释了如何使用差分隐私来确保其机器学习算法能够观察到数据中的频繁模式，而无需记住任何具体的个人的细节。这样的技术能够使其确保"客户的数据在获取、运输、存储以及最终处理和建模的整个过程中都受到保护"。注意此处强调的是保护"客户的数据"，而非客户。

为了恢复人们对其产品和服务的信任，谷歌开始宣传并强调其应用联邦机器学习（federated machine learning）、差分隐私（differential privacy）及其他隐私增强技术的做法，以推广其维护用户隐私的最新版本浏览器。例如，谷歌在2019年宣布推出了"隐私沙盒"（Privacy Sandbox）项目。这个项目旨在为基于第三方Cookie的广告营销寻找替代品，做到"在安全的个性化环境中保护用户隐私"。谷歌同时还提出了许多其他技术建议，以期为加强网络隐私保护制定公开标准。

虽然火狐浏览器、苹果Safari浏览器等其他浏览器早在几年前就逐步淘汰了第三方Cookie，但谷歌这一声明还是在数字广告营销行业引起了震动，原因在于数字广告营销行业一直依赖于第三方Cookie开展业务。

隐私沙盒的应用以多种隐私增强技术为支撑，其中便包括了新兴的联邦学习（Federated Learning）技术。该技术利用机器学习算法，能够做到仅通过利用中央服务器便可学习本地设备上的去中心化数据，体现了数据集中收集和数据最小化的原则。例如，谷歌最开始推出了一项名为"联邦队列学习"（Federated Learning of Cohorts）的无监督机器学习算法，用于根据用户近期的浏览记录将对其进行人群聚类，从而进行广告定位。从本质而言，联邦队列学习能使Chrome浏览器收集用户浏览习惯的信息，基于这些信息将不同用户分至不同的用户群中，并为其建立群组ID，随后与网站和广告商共享该ID。有了这些工具，广告商可以通过谷歌基于浏览器的应用程序接口（Application Programming Interface）进行广告投放，而不是使用Cookie或直接获取用户的个人信息。

"隐私沙盒"体现了谷歌对基于浏览器的隐私增强技术的应用，与此同时，苹果和谷歌也都在利用隐私增强技术努力实现基于云的数据处理活动向基于本地设备的数据处理转变。它们推广使用设备上的机器学习及计算方法，旨在降低将数据传输到云端的隐私和安全风险。例如，苹果公司在其2021年全球开发者大会上首次推出了苹果神经网络引擎（Apple Neural Engine）。所谓"神经网络引擎"，是苹果在芯片中搭载的专门用于机器学习的硬件，能使iPhone或iMac上的Siri语音助手在离线的情况下也能直接响应和处理用户请求，无需将数据传输到苹果服务器上。大约在同一时间，谷歌也为其安卓系统引入了私有计算核心（Private Compute Core, PCC）功能，该核心同样使用设备上的机器学习，可在安卓操作系统的分区空间内处理音频和语言。

如今，人们越发关注云端数据储存和处理过程中面临的隐私及安全问题。面对这一背景，苹果和谷歌等主流智能手机制造商着力寻求将隐私增强技术应用于本地设备，与此同时，拥有数量可观的云基础设施和收益流、关注企业客户的科技公司也开始引入隐私增强技术，以提升用户对基于云的数据处理能力的信赖度。包括亚马逊、微软和IBM在内的顶级云服务提供商开始支持机密计算（Confidential Computing），即通过在基于硬件的可信执行环境中执行计算来保护数据在使用过程中的安全性和隐私性的实验方法，以此说服客户将更多数据和功能转移到云中。

然而，无论是本地设备还是云平台，它们有关数据隐私和安全的承诺及保证仍不足以克服监管或商业层面的担忧，此时，另一种被称为合成数据（synthetic data）的隐私增强技术开始大行其道。合成数据是运用计算机模拟生成的人造数据，用来模拟现实世界的观察与观测，目前正被应用于金融、医疗、保险等产业领域。合成数据还能够制造类似"噪音"的干扰信息，从而为私人数据集提供保护。微软的Smart Noise系统便是不同的隐私增强技术结合应用频繁的例子之一。这些例子还表明，隐私增强技术可以通过多种方式支持现有商业模式和业务。

隐私增强技术存在的问题

如今，隐私增强技术已非新事物，但随着以数据为重点的时代潮流的到来，隐私增强技术的受欢迎程度仍然实现了急剧上升。事实上，隐私增强技术早在1995年就已出现，当时安大略省的信息与隐私专员和荷兰数据保护局联合撰写了一份报告，研究了于在线交易中使用隐私增强技术来增强信息匿名性的问题。然而，由于实施成本高、算力有限以及其他资源限制等问题的掣肘，二十多年来，隐私增强技术在行业中应用的发展一直较为缓慢。随着各大公司努力适应《通用数据保护条例》《加州消费者隐私法案》等世界各地一系列以数据为重点的新法规，隐私增强技术开始受到欢迎。

从某种程度而言，隐私增强技术可以助力企业实现对这些法律法规的遵守，特别是在与信息安全相关的政策和程序、人员管理和访问控制、信息保存、审计及其他组织层面的措施相结合的情况下。例如，《通用数据保护条例》要求实体通过利用包括最先进的技术流程在内的组织及技术措施，提供经设计和默认情况下数据保护。得益于此类法律法规和政策的扶持，隐私增强技术市场呈现快速增长态势，吸引了大大小小企业的兴趣和投资。它们也是许多大型科技公司日益扩大的板块之一，表明我们其实应当从技术入手来应对隐私挑战。

尽管发展前景广阔、需求不断增长，但隐私增强技术远不够完美。它们可能技术性很强、很复杂、难以使用，而且用户界面经常令人感到困惑。并且，属资源密集型的隐私增强技术也非常昂贵，对数据量和算力要求极高，这样的特点便导致许多较小的市场参与者无法使用。例如，一些最新同时更先进的隐私增强技术通常只为大型企业实体所掌握，这些企业拥有体量庞大的数据资产和强劲的基础设施及算力资源，在数字领域占据着绝对的实力优势。这里值得注意的是，历史上开展了最多数据密集型实践的公司现在往往也在隐私增强技术最狂热的支持者和应用者之列。

由于技术本身的复杂性和资源的限制，立法者和政策制定者也很难对隐私增强技术进行审查或管理。比如，数据保护机构可以对Cookie进行清查，从而审核公司是否遵守了Cookie相关法律法规，但对于使用由隐私增强技术支持的跟踪工具的公司，他们缺乏类似的审查工具，而且很难判断谷歌的联邦机器学习算法是否符合数据保护规定。这种不透明性反过来又给对这些工具及其使用方式的问责带来了挑战。由于隐私增强技术缺乏统一的定义或判断标准，对在特定场景中应用具体隐私增强技术工具或技术的有效性进行评估也颇具难度。尽管利用隐私增强技术有可能提高数据的隐私性和安全性，但其准确性、公平性、鲁棒性、可解释性，甚至安全性方面仍然值得商榷。有证据表明，隐私增强技术与差分隐私一样，只是将隐私和安全的风险从外部转移到了内部，有害威胁可能不再以黑客攻击等传统的网络犯罪形式出现，取而代之的是网内攻击。

可用性挑战、资源限制和问责障碍的叠加意味着隐私增强技术带给人的安全感可能是虚假的，而且还可能带来新的隐私和安全风险。这些并不可靠的保障可能会反过来刺激更多的数据收集、共享和处理操作的出现，这也就意味着对数据最小化和存储限制等核心数据保护原则的破坏。例如，一个为开发和推广机密计算方法和标准而成立的行业联盟在一份内部报告中详细介绍了其目标："拓宽公共云应用场景，实现将极端敏感的数据迁移到云中，推动过去因隐私、安全和监管要求而难以落实的多方共享应用场景的搭建，从而带动整个价值链的投资。"换言之，该联盟承认机密计算实际上可能会刺激更多的数据共享，鼓励更多的价值获取。

同时，就算隐私增强技术成功实现了数据最小化，没有导致个人数据向更大范围扩散，它们也会使得许多原本令人反感或担忧的活动合法化，甚至提高其效率。例如，谷歌通过利用联邦学习实现的"隐私支点"实际上可能并不能保护个人隐私或防止个人用户被跟踪，甚至会引发一系列其他问题。正如电子前沿基金会在针对谷歌的提议中所警告的那样，"设计联邦队列学习的目的是防止一种非常特殊的威胁，即如今利用跨上下文标识符实现的个人资料收集。然而，虽然谷歌能够不断改进其设计来规避这些风险，但定向广告的危害不仅在于侵犯了隐私，还包括歧视、骚扰、排斥和剥削等。可见联邦队列学习的核心目标其实是与其他公民自由原则相抵触的"。在最初的提议引起巨大争议之后，谷歌继续提出了其他提议，但实质都较为类似，只是减少了与单个用户相关的利益群体数量，许多批评意见所指出的问题未得到解决。

另外，考虑差分隐私等技术在促成或强化个人对基础设施控制等方面所起的作用也同样重要。例如，亚马逊就曾利用大数据来控制供应链以及绘制整个城市环境地图。亚马逊展示了如何"使用差分隐私机器学习（differentially private machine learning）来分析城市中个人的通勤模式而无需记录其通勤时间"。同样，广告技术供应商和数字营销人员也在使用差分隐私技术来获取有关消费者群体的洞察，不仅不会泄露任何特定消费者的信息，而且还能实现侵入式广告的精准定位及个性化。有的数字身份供应商正在使用同态加密技术进行云基验证以及基于面部图像的生物身份识别验证和授权，但这些图像的获取可能未经公共来源的同意。诸如此类将隐私增强技术用于实现合法但却存在问题的目的的例子比比皆是。

隐私增强技术还能帮助企业完全规避以数据为重点的隐私法。例如，将合成数据用于使用个人数据时不允许或受限的目的或用途。以色列合成数据公司Datagen便是一个典型的例子。Datagen为各种应用场景提供合成数据集，如通过生成面部表情集来监控智能汽车中驾驶员的警觉程度或分心情况，模拟人体的运动和物体间的互动来追踪无现金自助商店中的顾客，利用眨眼分析和视线跟踪来改善虚拟现实头戴设备的功能，以及加强无人机监控等。Datagen在向客户推销自家产品时，称其可以"让客户摆脱人工数据采集、注释和清洗的烦恼"。但也正如一位学者所指出的，"虽然'合成'的数据并不直接与真实的用户数据——对应，但这并不意味着它没有对来自真人的敏感信息进行编码"，合成数据的源头仍然是真实世界的数据。不过，使用合成数据确实可以让企业的监控活动更为经济高效，而且通常不会触犯个人数据或隐私的相关法规。

好比终止第三方Cookie并不能杜绝对用户的行为定位和跟踪，在本地而非在云中处理数据同样也不能完全避免计算机程序加工处理和自动化决策过程中强加的不公平或歧视性结果。同样，在云中远程处理数据，对数据加以保护，比如进行保密计算，并不能防止该数据在现实世界中被恶意使用。事实上，支持和鼓励企业之间进行更多的数据共享，进一步加剧了个人与私营实体之间的权力不对称，进一步巩固了行业权力。基于属性的可验证数字身份凭证宣称能保护隐私，然而其非但没有进一步强化个人隐私，反而促成了功能转变、追踪和资料搜集的发展。最后，合成数据不仅不能阻止监控工具和相关基础设施的发展，反而会使其变得成本更低，更容易实现。

换言之，当法律对某一特定类型数据的使用设置障碍时，自然也会出现某个承诺能减少或规避这些障碍的隐私增强技术，使企业可以继续进行它们一直在进行的活动。正如学者迈克尔·韦尔（Michael Veale）所言："数据只是用以达成目的的一种手段，而新出现的加密工具可以让这些公司在不侵犯隐私的情况下达到原本同样可能存在问题的目的。这些工具让那些能控制和协调数百万甚至数十亿台计算机的人掌握了垄断性的权力，力量强大到可以分析、塑造社会或国家，甚至改变个人的行为。例如，如今无需一个人的数据离开其手机，便能以其最敏感的数据为根据进行私人投放。"由此看来，我们真的把隐私保护做得更好了吗？

对隐私权的歪曲威胁着公共领域

将隐私权变相等同于数据的保密性或对数据的控制权的观念，正促使企业将更多的数据引入自己的生态系统，深化内部垂直整合，从而筑起更高的壁垒来排除竞争对手，并将隐私作为抵御竞争威胁的盾牌。当隐私仅仅被简化为数据的私密性、保密性和安全性时，只要这些公司在处理数据的过程中保护好数据的安全性，那么它们可做之事或说可开展的活动几乎不受任何限制。这样一来，这些措施将仅仅保护数据的隐私和安全，普通人的隐私和安全被牺牲，他们将继续因为个人力量脆弱而非常容易为拥有空前权力的实体所控制、操纵和利用。隐私权概念被扭曲的一大结果就在于，由于可以轻易规避与数据有关的限制，同时不断积累有利资源并掌握了关键基础设施，占主导地位的科技公司不仅获得了凌驾于人之上的巨大权力，还获得了对数据的控制权。这些公司将商业动机引入了人们生活的方方面面，将有可能侵蚀公共领域。

新冠肺炎疫情期间，所谓的"疫情科技"引发了公众争议，这也为上述问题提供了另一个例证。在疫情初期，出现了声称可对病毒的传播进行追踪溯源的病毒接触者追踪（contact tracing）及病毒接触通知（exposure notification）手机应用程序，对于这些应用，公众讨论的问题很快就得以聚焦——这类应用程序的设计和推广使用应该做到能保护好个人隐私。进一步来说，问题的本质在于这些应用程序到底应该是"中心化"还是"去中心化"的，意即它们所收集到的数据，到底应该集中到一个远程服务器上进行统一处理，还是只留在个人设备的本地。可以说，"中心化"的模式能为流行病学家和公共卫生部门提供有关新冠肺炎传播的更有价值的见解；而分散式模式则被宣称能"保护隐私"，因为它限制了政府重新利用数据对人口进行监控的能力。

2020年5月，苹果和谷歌共同开发并投放了一款去中心化新冠病毒接触追踪功能，名为"曝光通知"（Exposure Notification）。该应用利用了差分隐私、多方安全计算、本地化数据处理、秘密共享、零知识证明以及其他一系列隐私增强技术来实现对聚合指标的计算和分析。苹果和谷歌称自己的应用程序能够保护隐私，因为"经过设计，它能够保护设备所接触到的人的身份信息"。换言之，它们将隐私等同于了保密。

凭借在硬件设备和软件操作系统方面的优势，以及更快的行动能力，这些私营公司有时甚至会阻止政府引入替代方案。但许多立法者最终还是会将维护个人隐私的重要性置于有关疫情治理的洞察之上，这点并不奇怪。疫情蔓延一年多后，即使相关技术基础设施将继续嵌入大多数智能手机的操作系统中，这些工具的有效性仍然有待验证。

类似的现象在疫情的后续阶段继续出现。伴随着疫苗的开发和面世，公众讨论的焦点逐渐从接触者追踪和曝光通知相关应用程序转向了能证明他们已接种新冠疫苗、核酸检测结果呈阴性或感染后康复的新冠病毒免疫证书（immunity certificates）或疫苗接种护照（vaccine passports）。与接触者追踪应用程序一样，各国政府和主要利益相关方很快就将目光锁定在了疫苗接种护照的隐私风险上，却几乎没有考虑这些数字工具在多大程度

爱丽丝和鲍勃初次见面，他坐在一张长椅上交谈了很久

鲍勃抗原检测呈阳性，确诊感染新冠肺炎。他将检测结果上传到了公共卫生部门的应用程序

在爱丽丝和鲍勃交谈时，他们的手机自动交换并存储了彼此的蓝牙匿名密钥（该密钥会定期更新）

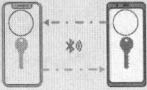

几天后

在取得鲍勃的同意后，他的手机会将最近14天他使用过的匿名密钥上传到云端

只有经过用户同意，应用程序才能获取更多信息

数据临时保留14天

Google

爱丽丝继续着她的日常生活，却不知道自己接触过受到病毒感染的人

警告：你最近接触的某个人被确诊感染了新冠病毒。点击查看更多信息-->

爱丽丝的手机会定期下载其所在区域内所有抗原检测呈阳性者的蓝牙匿名身份识别密钥

一段时间后……

爱丽丝的手机将收到一条通知，告知她下一步的做法

发现匹配

健康部门的应用程序提供更多其他信息

手机设备将定期下载匿名身份识别密钥

Google

苹果和谷歌在新冠肺炎疫情期间推出的"隐私保护"联系人追踪/暴露通知应用程序图解信息。来源：苹果公司

上有助于实现其宣称的公共卫生目标，连世界卫生组织都对其有效性表示怀疑。世界各国私营部门纷纷带头推出疫苗接种护照，同时也对保障这些应用程序所收集数据的隐私和安全作出了承诺，这削弱了对于引入这些工具的合法性、其所开创的先例、公共部门和私营部门之间权力相对平衡等问题的讨论。

隐私面临成为监控行为帮凶的风险

虽然我们有充分的理由接受已被证明有效的隐私增强技术，但当这些技术被市场上最强大的一批公司所争先应用时，我们也有充分的理由对此提出质疑——这些公司正在通过嵌入数字基础设施来监视和控制个人、团体乃至整个网络社区的行为动态。正如前面所提到的例子所表明的那样，大型科技公司的言论转变、战略性地采用隐私增强技术和其他以"隐私"为名的举措，实际上是在帮助其在面对狭隘的着眼于数据的整治的情况下仍能维护和巩固自身权力。这些举措能使这些公司在不改变其商业模式的基本要素、不改变其核心活动、不放弃任何权力或控制的情况下积极宣扬隐私和安全的好处，却实则将个人和社区置于风险之中。

大型科技公司对隐私增强技术的拥护表明，以数据为中心的狭隘而无力的隐私概念是多么容易被行业所利用，服务于后者巩固地位、加强控制、榨取商业利益的目的。换句话说，对隐私的如此理解没有让现状得以改善，反而固化了现状。隐私增强技术的流行表明，尽管数据保护（data protection）、数据隐私（data privacy）的提法经常被混为一谈，但若究其内涵，在涉及对人的保护或人的隐私方面，它们实际并不相同。受这些技术或工具的干扰，我们有可能会逐渐忽视提倡隐私权的初衷——维护个人内心或私人生活的边界；保护个人人身、住宅及其家庭生活的安全；为行使和享有其他基本权利和自由划定基本的界限；保护个人免受歧视和骚扰；捍卫一个充分运作的民主社会所不可或缺的个人自由和自主。

事实上，我们的法律越是专注于要求企业保护"数据"的隐私和安全，我们就越会容易忘记保护"人"的隐私和安全。因此，隐私增强技术的日益普及也暴露了我们以数据为中心的法律框架的一些缺陷，即只关注手段而忽略了目的。这种做法类似于取缔可用于谋杀的武器，却不取缔通过各种手段达成的谋杀行为本身。与此同时，掌握控制权的企业只会使用另一种武器来达到同样的目的，使用合成数据来达到使用个人数据所不允许的目的就证明了这一点。随着企业不断找到超越数据的方法，我们也必须找到管理数字工具和技术的方法。

这将是本书下一部分，也是最后一部分的主题。

PART 3

第三部分

数据之外

BEYOND DATA

5

美丽新世界

在2019年一份名为《后数字时代来临》（*The Post-Digital Era Is upon Us*）的报告中，全球咨询公司埃森哲（Accenture）大肆宣传数字技术在各行各业中无处不在，并且成了"生意场的入场费"。埃森哲表示，"数字化"一词已经过时了，"用数字化来形容某个事物的新颖性和创新性的日子已经屈指可数"。事实上，随着万事万物变得越来越数字化，数字世界也越来越接近现实世界。这种后数字时代的现实深刻影响了人们对技术治理相关法律及政策的思考，包括历史上曾经尝试的通过数据来间接治理的数据密集型技术。

很明显，未来"数据治理"作为技术治理的一个工具，实际上真正的核心不是数据。更准确地说，在这个即将到来的未来里，互联网无处不在——这是一个全新的网络物理世界，在这个世界中，数据通过巨大的互联系统和网络来传递信息，塑造并构建人造环境（built environment），使得自然、人类和技术过程能够转换为电子信息，也就是所谓的"数据"。如果不加以控制，这些渗透在后数字世界的系统和网络将带来系统性风险和集体性危害，威胁到个人的福祉、人际关系的质量、制度的可持续性，甚至民主的存亡。在这个美丽新世界里，我们必须采用一种超越数据的系统性方法。

然而超越数据意味着什么呢？我们面前有一条路，但这条路需要我们进行艰难的重启——要彻底转变我们思考和处理当前数据治理问题的方式。我们需要一个全新的、扩展的主框架来反映数据在我们的生活中、在全世界中所发挥的全新的、扩展的作用——它的作用过于宽泛，以至于成为一个几乎没有意义的技术治理框架。

在前几章中，我们探讨了强大的科技公司如何扭曲和淡化曾经强有力的隐私和数据保护观念，从而进一步巩固并扩大它们已经拥有的对我们个人生活和集体生活的巨大权力和控制，以及当我们面临着隐私和数据保护被企业监视和控制的风险时，这种不受限的权力又如何给我们营造一种虚假的安全感。

本书接下来的部分致力于构想一条前进的道路来避免以上这些结果——这条道路超越数据来定义人类与调节人类生活体验的技术之间的关系。本章描述了我们即将生活的全新的后数字网络物理世界如何颠覆以数据为中心的技术治理的传统法律和认知框架，正如许多技术进步所表明的那样。第6章解释了为什么超越数据实际上要求我们先于数据采取行动，对数据化及其推手加以限制，包括对个体权力的实际限制。最后，第7章将带我们回到未来，回顾隐私和数据保护的起源，将技术治理对话的重点重新放在人而非数据上。

情绪检测和情感识别技术

2021年春天，一个由世界各地的音乐家及不同组织组成的联盟发表了一封致Spotify（总部位于瑞典的音乐流媒体公司）的公开信，信中慷慨激昂，针对Spotify在2018年获得专利的颇有争议的语音识别技术，联盟要求其放弃所有使用、授权、销售该技术或将其货币化的计划。根据这项专利，该技术将利用"始终开启"的语音识别和背景噪音检测工具来推断用户听歌的状态，"一个人"、"在车里"或是"和朋友一起"，并根据用户的心情、性别、年龄、口音和周围环境推荐曲目。针对隐私、数据安全和歧视问题，以及这种推断和操纵情绪状态和行为的技术的侵入性，联盟成员表示担忧，并指出"监控情绪状态并据此作出推荐，该技术将产品与用户置于危险的权力关系之中。"

尽管Spotify最终承诺不会采用这种专利技术，但这一事件仍然表明，所谓的情绪检测或情感识别技术的全球市场正在迅速增长，预计到2026年，该技术市场价值将超过370亿美元。这种技术将机器学习与其他人工智能工具和技术结合起来，试图通过感知和收集生物特征（如面部表情、音质或声调）、身体运动（如步伐、打字模式或习惯、鼠标滚动模式或习惯，以及眼球运动）和生理标志（如心率、出汗、体温或血压），对个

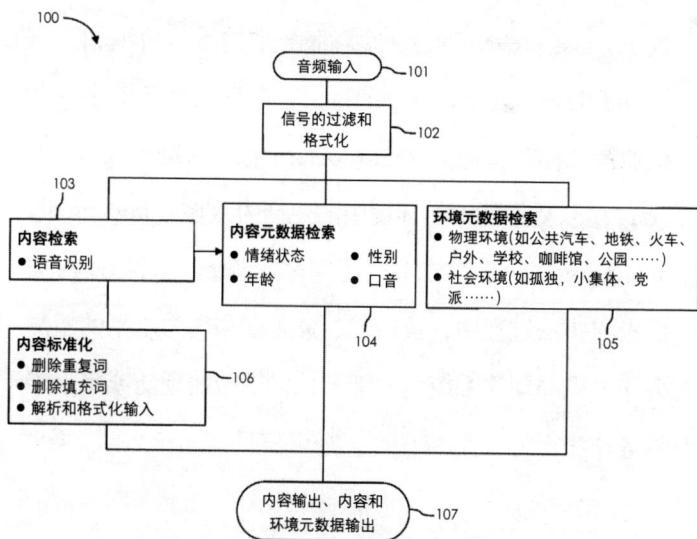

Spotify基于情感识别的歌曲推荐专利申请。来源：美国专利商标局

人的人格特征以及内在的心理和情绪状态（如愤怒、恐惧、惊讶、快乐等）进行观察、推断、识别和分类。汽车制造商也在广泛使用情绪识别技术，据称可以检测驾驶员的情绪、专注度、是否分心或疲惫程度，以及其他心理和生理状态。

尽管目前情绪检测和情感识别技术的测试主要目的是应用于音乐推荐、驾驶员安全系统和其他表面看上去都是良性的用途，但对这项技术的探索也有其他目的，比如预防或检测虚假信息、无授权行为或违法犯罪。例如结合面部识别与情感识别技术用于零售商店的损失预防（loss prevention）、金融服务中的欺诈检测和预防（fraud detection and prevention）、远程教育环境中的考试监考和作弊检测（exam proctoring and cheating detection），以及远程工作环境中的生产力监控（productivity monitoring）。这种技术应用越来越流行，据称在海关检查和执法过程中，攻击性、紧张度和压力水平的检测会作为犯罪预测系统的一部分，以期帮助预防或阻止走私等非法行为。

神经技术和神经营销

另一类新的技术正在出现，这种技术可以更深入地探究人的内在体验和个人界限。所谓的神经技术（neurotechnologies）旨在使用侵入性和非侵入性的两种手段，通过神经接口（neural interfaces）与大脑、中枢神经系统（central nervous system）、周围神经系统（peripheral nervous system）或自主神经系统（autonomic nervous system）进行通信，将计算机连接到人类的大脑和神经系统中。侵入性手段包括通过外科手术将电极植入人脑，将神经数据传输到外部计算机；而非侵入性手段包括通过头盔和其他可穿戴硬件设备传输大脑信号。

神经技术的分类包括用于刺激神经系统的神经调节（neuromodulation）技术，用于控制认知和其他大脑功能的神经假体（neuroprostheses），以及可能最广为人知的脑机或脑机接口（BCIs）。这些技术可以通过观察、记录和解释大脑活动来"读懂"大脑，也可以通过操纵大脑特定区域的神经活动和功能来"书写"大脑，以此影响或改变这些区域的功能。

预计到2026年，神经技术市值将达190亿美元，因其具有广泛的潜在应用需求，特别是用于医疗干预措施来治疗精神、身体、认知和神经疾病，如阿尔茨海默病（Alzheimer's）、精神分裂病（schizophrenia）和脑卒中（strokes）。例如，早在1997年，美国食品和药物管理局

（Food and Drug Administration）就批准了一种治疗帕金森病患者的深部脑刺激技术，即让电流通过大脑区域来抑制神经活动。时间更近的例子还有2017年，罗德里戈·赫布纳·门德斯（Rodrigo Hübner Mendes）成为第一个仅凭大脑就能驾驶一辆一级方程式赛车的四肢瘫痪患者，由此，神经技术在治疗脑损伤方面的潜力得到了有力的展示。

神经技术还有一系列的商业应用，特别是用于精神控制类的消费产品。例如，脸书在2019年收购了总部位于纽约的神经接口和大脑计算初创公司CTRL－Labs，以帮助旗下增强现实（AR）部门Facebook Reality Labs研发一种新型AR腕带。这种腕带使用肌电图将神经信号转化为人体的运动和行为。另一家总部位于纽约的脑机初创公司已经获得了美国食品和药物管理局的批准，可以进行人体临床试验，测试一种旨在帮助瘫痪病人用思想控制电脑光标等数字设备的植入式装备，不过这项技术还没有真正达到精神控制的水平。事实上，截至2020年，私营部门在开发新神经技术方面投入的资金已经超过了联邦政府。

以神经营销为目的的神经技术商业应用的潜力迅速扩大，也引起了人们越来越多的兴趣。结合脑传感、脑成像和扫描技术，如功能性磁共振成像和脑电图，以及测量眼球运动的生理追踪技术、面部分析工具和其他神经活动代理，营销人员正在寻找方法来利用神经营销技术提供并调整产品和服务、设定价格、改进广告、检测并影响消费者的偏好与决策。未来，公司甚至可能想要基于个体神经特征和倾向的相似性来创造更加细分的市场，或者通过调整物理环境中的亮度、温度、气味和其他感官特征来影响消费者的倾向性，即使消费者在睡觉也不放过。

物联网与身联网

通过物联网（Internet of Things）、传感器和智能设备，互联网进入了万事万物之中，越来越多地渗透进我们的办公室、住宅、城市，甚至大脑和身体，无处不在的数字嵌入式材料设备正在迅速普及。事实上，预计到2025年，物联网设备将超过三百亿，相当于地球上每一个人都有超过四个物联网设备。虽然在各个行业中，数字工具和技术已经被广泛应用，用于运营和监控各种基础设施和各类活动，但是随着传感器和物联网的普及，加上人工智能、增强现实和扩展现实（XR）以及5G（甚至6G）无线连接的进步，数字环境将变得可以感知，具有复杂的连接系统网络，可以持续监控并自我管理相关活动。

在物联网改变我们周围的外部环境的时候，快速发展的身联网（Internet of Bodies，缩写IoB）也已经萌芽，这是一种由附着体外或植入体内并连接到互联网的医疗和生物识别设备构建的网络。我们熟悉的例子有健身追踪器、智能手表或其他可穿戴设备，但新兴的身联网设备也包括可以"放大"物体或叠加视觉显示的"智能"隐形眼镜，支持蓝牙、可以监控和调节体内特定药物释放和吸收的"智能"药片，支持Wi-Fi的起搏器，以及其他许多可以操纵人体的生物、神经、生理和其他物理过程的工具。虽然许多个体用户也使用这些设备来进行自我监测甚至"生物黑客"（biohack）他们的个人健康状况，但这种技术越来越多地被第三方利用，如营销人员或健康保险公司，比如他们可能会使用这些设备来判断保险的范围和金额。

除了我们熟悉的计算机、手机和平板电脑的二维图形用户界面（graphical user interfaces）之外，物联网和身联网的新计算接口也在研发，包括脑机接口、直接神经接口和其他以全新方式连接人体与机器的人机接口。结合身联网和神经技术，这些接口最终可能创造出人类、计算机以及其他物体日益网络化、互相连接的环境。此外，新的界面和显示技术，如柔性屏幕或全息图，以及日益精细的手势和触觉界面，将使得更逼真的多感官体验成为可能，在这种环境下计算机的边界更加难以察觉，以往"在线"和"离线"环境之间的区别也被不断侵蚀。虽然这些转变要想成为主流还有一段路要走，但对于法律和监管框架来说，明智的做法应该是对这些变化加以预测并采取更加可持续的方法。

"元宇宙"技术

一系列旨在增强我们的感官体验或通过计算机生成组件创造沉浸式体验的技术在进一步侵蚀物理世界和数字世界之间的界限。其中包括虚拟现实技术，它使用头戴式耳机、控制器和其他硬件组件来创建完全沉浸式的计算机生成的3D内容和体验。还有增强现实技术，它专注于物理世界，将数字元素投射或叠加其上，以改变或增强人体对周围环境的感知，一个广为人知的例子是游戏《去吧宝可梦》（*Pokémon Go*）。此外还有混合现实（MR）技术，它使用先进的传感和成像技术将物理和数字元素结合起来，从而在物理世界中创造身临其境的体验。虚拟现实、增强现实和混合现实技术都属于扩展现实技术，有时也被称为"元宇宙"（metaverse），或者我认为是"元宇宙技术"（metaversal technologies）。

扩展现实曾经是科幻小说里的东西，但现在正迅速在工商业中普及。虽然目前最流行也是人们最熟悉的扩展现实的应用是在游戏领域，但它也用于零售、医疗保健、教育、军事和国防、影视制作、旅游、房地产和体育等。例如，零售商和营销人员正在开发应用程序，可以让消费者虚拟地"试穿"服装或配饰、在脸上试用化妆品、在客厅里试用家具，并创建与应用程序相结合的虚拟"弹出式"商店，通过增强现实的环境进行实时广告，如3D产品植入等等。在教育方面，研究人员正在探索扩展现实是否有助于促进有特殊需求的学生的学习。与此同时，谷歌为学生提供了数百次被称为"探险"（Expeditions）的虚拟实地考察。这些技术也被广泛应用于各行各业的员工培训，包括军队、医学院和医院。2021年年底，在全球疫情期间，脸书宣布转型成为元宇宙公司的计划，并改名为Meta。

现在，计算能力和计算资源比过去便宜也更易获得，5G（甚至6G）无线网络也投入使用，扩展现实将迅速普及。预计到2025年，全球扩展现实市值将达4000亿美元。扩展现实头戴式耳机以及其他可穿戴和触觉设备也可以结合脑机接口、传感器和情感检测及识别技术，根据推断出或检测到的用户想法、心情、情感来改变或调整增强现实或虚拟现实的体验。这样，沉浸式体验也可能成为响应式体验，为个性化开启无数可能（反过来也将导致各种各样的歧视，第7章将就此展开进一步探讨）。与物联网和身联网一样，扩展现实的发展将进一步将数字组件集合到我们的物理和感官体验中，同时降低它们的存在感，提升它们的影响力。

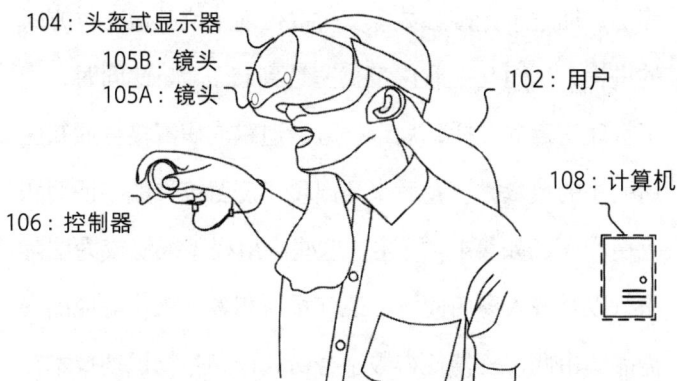

104：头盔式显示器
105B：镜头
105A：镜头
102：用户
108：计算机
106：控制器

脸书技术有限责任公司，专利申请"在虚拟现实中自动触发物理环境实时可视化的系统、方法和媒介"。来源：美国专利商标局

"物理数字身份"和机读人类

数字领域越来越隐形的同时，随着基于生物识别的

数字身份（digital identity）工具和技术的普及，人类也越来越容易被机器读懂。在2019年新冠疫情之前，用于身份和访问管理（IAM）的数字身份工具和技术已经是一项大生意，疫情期间向远程生活的转变又进一步加速了数字身份工具和技术的普及和应用。

除了使用身份和访问管理工具远程或在线访问商品和服务之外，在其他问题上，数字身份的解决方案也日益渗透到现实世界中。例如，尽管科学家强调病毒通过物体表面传播的风险非常有限，但疫情引发的细菌恐惧症仍然加速了无接触数字支付取代现金或其他支付方式的进程，短短几个月内替代率达到15%。与此同时，为了管理病毒的传播，病毒接触者追踪或病毒接触通知应用程序的数量激增，后来还出现了疫苗接种数字证明和应用程序，如第4章所述。这些应用程序很快成为国际旅行以及进入商店商场、工作场所和教育机构等地的必需品。由此，疫情使得数字身份凭证和生物识别技术在现实世界中（包括在以前不需要或不必要的场景和环境中）的使用和呈现迅速变成常态——我将这种现象称为"物理数字身份"（phygital identity）。

这些数字身份和物理数字身份识别工具和技术与生物识别技术的结合越来越多，包括物理生物识别技术，如面部指纹或拇指指纹、视网膜或虹膜扫描、手部或手掌静脉识别，以及行为生物识别技术，如打字或鼠标滚动习惯、击键、鼠标运动和其他微运动、声调和语音模式等。物理生物识别技术只需要静态物理特征的一张快照，而行为生物识别技术是通过长期观察和分析个人行为模式来建立的。生物识别技术在定量和定性方面都还在不断发展，一些研究人员甚至提出使用脑机接口和其他神经技术基于思维模式和脑电波来进行生物识别验证。

人工智能和机器学习工具也经常用来处理身份和访问管理的生物识别。例如，通过使用面部图像等生物识别技术进行远程人工智能驱动的身份验证，用户可以通过提供身份证件的照片，如驾照或护照，以及面部的实时图片或视频来证明自己的身份。然后机器学习模型会从文件中提取数据，检测照片是否经过任何数字操作或其他操作，以确定这些文件的真实性，并进行面部相似性检查，以确定文件上的面部图像是否与照片或视频中的人脸匹配。人工智能和机器学习工具及算法也被用于行为生物识别技术中的模式处理和识别。

"智慧"城市与"公共"空间

正如我们人类越来越能被机器读懂一样，我们所建构的环境中也有越来越多的传感器和机器来"读懂"我们，包括智慧城市的发展。经合组织将智慧城市定义为"利用数字创新提高城市服务提供效率，从而提高社区整体竞争力的举措"，同时承认成员国和机构间对智慧城市的定义存在很大差异。例如，日本将智慧城市定义为"一个可持续发展的城市或地区，采用信息通信技术（ICT）和其他新技术来应对各种挑战及自我管理（规划、开发、管理和运营）以实现整体优化"。

一般来说，智慧城市的特点是将数字技术或信息通信技术结合起来，提供各种市政或公共服务，包括经济竞争力、环境可持续性和资源优化。此外，随着大数据处理、传感器和互联技术越来越多地应用在城市地区，"城市本身正在创造关于我们的数据，共享并利用这些数据为我们提供服务，追踪我们并与我们沟通"。正如学者本·格林（Ben Green）在《足够智慧的城市》（*The Smart Enough City*）一书中所说，"从路灯到垃圾桶，这些日常物品中都安装了传感器、摄像头、软件和互联网连接——创造了所谓的'物联网'——使得收集关于城市情况的精确数据成为可能"。

智慧城市是一项大业务，而且由于物联网的进步，5G（甚至6G）更广泛的应用，以及其他数字工具和技术成本的下降和可用性的提高，这项业务在不断扩大。据一些市场研究人员称，到2025年，全球智慧城市产业的规模将从2020年的近4108亿美元增加一倍，达到8207亿美元。根据一些研究，有证据表明，新冠疫情也进一步加速了全球智慧城市的兴起。

越来越智能的城市还涉及公私合作伙伴关系，市政府通过这种伙伴关系从私营公司购买技术，以便为居民提供各项服务。正如格林在书中指出的，"对于公司来说，与城市政府的合作提供了一个难得的、非常宝贵的机会，可以在公共空间中放置数据收集传感器"。但他进一步指出，其中的风险远远超出了数据收集，实际上是将民主决策权从公众手中转移到了私营公司及其专用工具和流程手中。例如，警务、教育、社会服务和防火等各项城市服务都越来越多地使用算法，但"这些市政算法都是隐藏的，因为私营公司开发并拥有这些算法，保密才能给他们带来经济利益"。这种对维持城市运行的技术工具和流程的私人所有和控制正在改变网络物理世界中公共空间的性质。

公共空间曾经是一个相对匿名的地方——在那里，

个人只是人群里的其中之一。这种情况下，公共空间实际上提供了传统隐私概念中设想的类似保护区一样的地方。但是，由于在公园、街道和其他公共空间，私人所有并运营的技术被广泛应用并且仍在日益增多，新兴的网络物理世界正在改变并挑战公共空间的概念。特别是与现实世界身份相关的通用面部识别技术以及基于生物识别技术的数字身份解决方案（包括先进的物理和行为生物识别技术的使用）的日益普及，再加上新兴的物联网和身联网网络，在逃脱以个体可识别性为条件的法律的同时，也威胁到了匿名的概念。此外，这些数字身份基础设施的私人所有和控制带来了商业激励和利润动机，与公平、透明和责任等核心民主价值观相冲突。

数据与网络物理世界

正如上述技术所展示的那样，在新兴的网络物理世界中，数据不再局限于用途有限、界限清晰的数据库中。至少从第二代网络或Web 2.0出现以来，由于其交互性、用户生成内容和大型集中式平台中介等特点，数据的边界变得越来越难以识别或定义。而随着互联网从主要基于网络的客户端－服务器架构（通过传统的基于图形用户界面的屏幕进行信息交流）发展到更加分布式、去中心化、点对点的网络（新的用户界面添加了情感识别、神经技术和元宇宙功能，越来越多地将人类的体验与数字基础设施联系起来），这些边界只会越来越模糊。

正如劳拉·德纳迪斯（Laura DeNardis）在《万物互联》（*The Internet in Everything*）一书中所说，互联网从信息通信技术（ICT）转变为直接嵌入物理世界的控制网络，应用于各个部门和行业的操作系统和设备，其影响甚至可能超过了工业革命或此前的信息时代。在一个万物互联的世界里，物理和数字、在线和离线之间不再有任何区分。这是一种结构转型，带来了巨大的技术、商业、政治和社会影响，颠覆我们已知的全球互联网治理。要想在这个美丽新世界中实现有效治理，我们必须抛弃传统的数据库思维，抛弃数据保护首次面世时将数据归属于信息通信技术领域的狭隘观念；相反，我们要迎接全新的网络物理政策时代。

互联网无处不在，因此数据也无处不在，无论是环境数据还是原生数据，形成了一个超越地理边界的庞大互联网络系统，而且不仅仅局限于信息通信技术基础设施。相反，信息通信技术基础设施形成了事实上的第四等级，即公共广场、金钱和货币、关键性基础设施，并同时日益成为民主和专制的基石。对于我们中的许多人来说，随着数字技术逐渐深入渗透我们的心灵，这些技术也将成为我们生计、教育、人际关系甚至个人身份的来源，或者至少是其中的一部分。

此外，正如米雷耶·希尔德布兰特（Mireille Hildebrandt）在《智能技术与法律的终结》[*Smart Technologies and the End（s）of Law*]一书中所主张的，我们已经从信息社会过渡到数据驱动的社会，在这个社会中，大数据通过一种数字无意识扩展了我们的人类意识，这种数字无意识将"越来越多地把人类意识变成一种部分由数据驱动的新混合体"。法律学者朱莉·科恩（Julie Cohen）进一步将这种数字无意识比作人类大脑的边缘部分，因为它是原始的、预知的或者说机械的、冲动的，并且极其容易被算法激活和操纵。尽管它基本上是看不见摸不到的，但这种数字无意识对我们的行动和行为有着重要的影响。正如电气和电子工程师协会发出的警告，"即使技术逐渐隐形，变成我们生活的背景，它们的影响仍然无处不在"。

随着数字世界与物理世界的融合，数据也日益融入我们周围的环境，并创造了一个群体共同居住、个体无法逃离的空间。很久以前我们就实行了推送通知，发出提醒并为每个需要访问数据的行动征求同意。现在我们也必须意识到，没有任何单独的个人行动可以享有对新网络物理现实的任何代理权，尽管对个人控制的假设已经融入了现有的法律框架。正如肖沙娜·祖博夫在《监控资本主义时代》中所说，"人们与数据保护进行了无数复杂性斗争，但却无法抗衡与监控资本主义在知识和权力方面巨大的不平衡……个人无法独自担负这场在新权力边界上的斗争"。新技术的性质以及处于萌芽状态的后数字网络物理世界不断增加的复杂性，进一步加剧了这种不平衡。

由于一个完全互联的网络物理世界的复杂性，我们几乎不可能提前预测数据的去向，或者特定数据点的用处，特别是在人工智能、机器学习和其他计算技术允许对数据进行新操作的情况下。因此，一个全新的、扩展的框架也必须超越其他持久但错误的二分法，例如个人或非个人数据，敏感数据与非敏感数据——这些数据在起源时都无法确定。一方面，我们必须缩小技术人员和私人利益之间巨大而危险的鸿沟，这种鸿沟传播的观点是，隐私是一种接近匿名（或至少降低可识别性）的技术和数学操作。另一方面，法律和政策专家将隐私理解为一个更广泛的概念，也是在实践中保护人们的权利和利益所必需的。随着公司寻求将增强隐私技术武器化，以进一步巩固自己的权力、影响力和利润，这种分歧越来越明显（如第4章所述）。

当数字成为环境时，我们通常所说的数据治理的工作就是保证其安全性、可居住和可持续。因为我们共享这个环境，所以我们必须超越个人隐私和数据保护的有限概念，并超越原子性——迄今为止标志着我们在数据治理方面所做努力的特性。除非我们放弃超级个人主义，并开始解决权力的根本问题，否则不太可能实现任何有意义的改变，而且曾经支撑我们与自我和他人建立关系的价值观和规范还将继续受到侵蚀。如果我们不能进化思想而是坚持目前的原子性道路，我们可能会同意进入与专制地区相同的监视状态，尤其是当考虑到质性不同的新兴技术时。

情感识别和神经技术的进步，侵入性物联网和身联网设备的发展，增强现实、虚拟现实，生物识别功能的数字和物理ID系统，以及本章讨论的其他新兴技术，提出了一系列全新的技术、法律、伦理和道德挑战，这些挑战可能会超出现有法律和规范的想象。特别是随着数字领域的组成部分作为单独的工具或技术变得越来越难以分割或管理，我们必须超越微观上的技术官僚主义和以数据为中心的治理，将数字技术的本质视为复杂的社会技术系统的一部分。这种对系统治理的需求也揭示了现有的隐私和数据保护法律框架的局限性。

网络物理世界现有法律框架的局限性

技术无处不在，观察、追踪、监控着我们的行为、活动和其他外在行为，比如定位追踪技术。而新的先进技术会带来更可怕的威胁，这些技术可以推断我们的内在状态和内部体验并将其数据化——然而在现有的法律框架下，面对这些技术目前的风险和潜在的危害，我们得到的保护非常有限。

传统的隐私概念远远早于计算机技术以及任何现代数据保护或数据隐私的概念。它设想的是一个围绕个人的物理空间或边界，旨在保护和促进个体的内部或内在生活、自主权和尊严。这种关于隐私的物理性和物质性概念与身体完整性的概念密切相关，但传统的隐私框架正日益受到挑战，因其物理边界的概念过于狭隘，这些物理边界通常包括私人住宅或家庭内部的区域，或者私人通信的内容，只有较少一部分涉及我们的身体或身体的完整性。

与私营企业相关的少数隐私法可以说本质上更加局

限。例如，美国普通法承认私企的某些隐私侵犯是侵权行为，包括侵入隐私、盗用身份、公开个人信息以及造假。这些侵权行为通常也涉及某种对个人物理空间或划定私人空间的侵犯，然而，能否对这种虚拟行为提起诉讼并进行侵权索赔，目前仍不明确，一些著名的法律学者认为这不太可能。例如，扩展现实的制造商、零售商和其他供应商的潜在责任是不明确的，尤其是供应链复杂又分散，技术硬件和软件、用户行为、现实世界元素和考量之间的相互作用纷繁复杂，还有在扩展现实的环境中哪里才是体验场所的新的管辖问题。

现有的数据保护框架同样也有局限性，它依赖于一种过时的数字世界观点——这种观点没有反映出在快速发展的网络物理和感知世界中数据的真正本质。如今，大多数数据保护和隐私法都假定数据收集方和被收集方之间存在某种关系，即使这种关系是通过第三方间接建立的。因此，他们认为有机会，或至少有可能通过与数据收集和处理有关的各种信息和通知、流程及程序有效实现透明度和问责制等核心原则（即使这些责任必须按照合同从一个企业转移给另一个企业）。此外，现代数据保护框架特别关注个人数据或个人信息的处理，因此，只有当我们被识别或可被识别为特定个体时（并且仅在特定的时间点），才会保护我们。而且尽管我们成为某些人所谓的数据体，数据与个人及其生活越来越多地融合在一起，它们也还是倾向于假定这两者之间存在一定程度的距离或在一定程度上是可分割的。

但在后数字、网络物理、感知世界中，任何被传感器和数字基础设施观察、收集、推断、创造和吸收的东西都是数据，即使它附着在人类身上或嵌入人类体内——也就是说，一切都是数据。这样一来，数字基础设施逐渐变得越来越隐形和隐蔽，数据收集也变得越来越被动和自动化，并且越来越多地通过智能手机和电脑屏幕以外的非传统用户界面来进行。特别是按照目前的设想来看，网络物理世界还减少了传统数据治理所需的时间和空间，例如通知和选择或获得同意。此外，个人越来越不了解那些渲染和收集数据或对它们进行推断的企业，尤其是在人工智能和机器学习工具和技术激增的情况下。因此，支撑传统数据保护框架的关系迅速破裂，破坏了现有的公平、透明和问责机制，而这些机制通常是隐私法所依赖的。

尽管后数字世界的复杂性和不透明度不断增加，但个体实际上越来越容易被识别，这是因为基于生物特征的数字身份相关工具和技术的激增，包括依赖或利用现有数据保护框架局限性的那些。但数字技术也可以在不直接识别的情况下，越来越多地影响个人和群体的态度，改变他们的行为。越来越多的技术可以在不识别特定个体的情况下，分辨出人们的特征和其他品质，其中包括广义的生物特征监测工具——如面部识别、情绪检测和情感识别技术、行为监测和模式识别技术以及神经技术。事实上，这些技术有时也被称为软生物识别技术，因为它们可以识别或描述身体特征和特性，而不必在此过程中通过商业或法律身份来识别一个人。此外，大数据和网络物理过程越来越多地观察、收集、推断、捕获多个个体的信息。

在《通用数据保护条例》出台之前，欧洲数据保护监管机构就预见到了基于个人可识别性的治理框架的缺点，并指出"即使采用匿名化技术，'大数据'也应被视为个人数据：通过将所谓的'匿名'数据与其他数据集（包括社交媒体上的公开信息）结合起来，推断一个人的身份变得越来越容易"。由于《通用数据保护条例》对后续法律框架的成形具有很大影响，类似的问题在世界各地不断重复上演。例如，许多数据保护和隐私法认为汇总的、匿名的或未识别的信息不属于个人数据或个人信息的范围，因此不受法律的约束。

即使个人是无法识别的，越来越先进的人工智能工具、机器学习技术和算法也可以从个人数据以及非个人、不可识别或汇总的匿名数据中推断出个人和群体的相关信息。因此，传感器和数字基础设施观察、收集、推断和以其他方式吸收的大部分数据，特别是通过人工智能或机器学习工具处理的数据，可能不是现有数据保护框架所定义的个人数据，尤其是在最初收集数据时。正如牛津大学的研究人员桑德拉·赫特（Sandra Wachter）和布伦特·米特尔施泰特（Brent Mittelstadt）所说，"数据保护法旨在保护人们的隐私、身份、声誉和自主权，但现在却不能保护数据主体免受推断分析的新风险，因为人们几乎无法控制或监督个人数据如何被用来对他们自身进行推断"。

事实上，目前，在公共空间观察或收集的不能识别或挑出任何特定个人的信息，已汇总的、匿名的或不可识别的数据，以及大量推断数据点，这些在很大程度上仍不属于数据保护法或其他基于个人数据库的法律框架的范围或保护之内。而且，以技术为媒介的过程和活动将越来越多地逃避现有的基于个人数据或可识别性的概念而形成的法律和条例，几乎完全不受管制，因为它们不识别或挑出具体的个人。此外，正如我们在第4章中所看到的，科技公司正在不断应用更广泛的隐私保护或隐私增强技术和其他技术工具和方法来实现匿名化、假名化、去识别化以及数据的加密，从而使其超出现有法律保护的范围。

总之，这些趋势加剧了个人与拥有并控制这些技术的私营公司之间的权力不对等。新兴技术现实与现有法律框架之间的差距越来越大，现在是时候将我们的关注点扩展到有限或固定的个人数据和个人身份概念之外了。正如一位人工智能学者所言，"道德伦理、情感捕捉以及让人体更易被机器读取等问题，并非关乎个人身份，而是关乎人类的尊严以及对理想生活环境的选择和决定"。但类似的担忧不只存在于情感识别技术中。由于基于个人数据的数字治理的技术官僚主义观点在后数字网络物理世界中达到了极限，我们必须通过解决私营企业手中的数据化的潜在推手，开辟一条超越数据的新道路。这正是下一章的主题。

6

反对生活的数据化

正如20世纪计算机和数字数据库的诞生威胁了传统的隐私概念并催生了现代数据保护概念，新兴的先进技术越来越深入地渗透到个人边界中，试图观察和分析用户生理、心理、认知和情绪状态，这破坏了现有的数据保护和隐私框架——特别是那些专门对个人数据的使用、安全或管理施加限制的框架。再加上数据在后数字网络物理世界中扮演的角色与过去有着质的差别，无论是人造环境，还是通过人工智能、机器学习和其他计算方法提高人类的机器可读性，都属于数据的范畴，因此我们迫切需要一条新的出路。

面对这些新兴技术，以及后数字世界中人类与数字技术之间不断发展的关系，我们对数据，特别是个人数据的痴迷，掩盖了在全新的网络物理世界中真正利害攸关的东西——也就是使个人自治成为可能的自我完整性，社会和政治关系的形成，以及民主制度和治理的基础。现在是我们超越数据，找到真正的关键所在，重建个人诚信的时候了。一个可能的强有力的方法是，在数据进入算法之前就开始行动，结束某些实体公司作为"科技公司"的特殊待遇，并首先挑战让它们能够将人类生活和体验转化为数字数据的叙事和流程。这就是本章的主题。

"科技公司"的特殊待遇

20世纪，随着汽车的普及，交通事故死亡率也在飙升，与汽车有关的死亡率在1920年至1960年间翻了一番。尽管在1960年，近80%的美国家庭都至少拥有一辆汽车，但是美国的汽车工业在20世纪60年代中期几乎完全不受管制。1965年，哈佛大学毕业的律师拉尔夫·纳德出版了开天辟地的著作《任何速度都不安全：美国汽车的设计危险》（*Unsafe at Any Speed: The Designed- In Dangers of the American Automobile*），指责汽车制造商的设计只顾造型和利润，不顾消费者的安全，至此美国国会才采取行动通过了1966年《国家交通与汽车安全法》（*National Traffic and Motor Vehicle Safety Act*）。该法案成立了美国国家公路安全局，即后来的美国国家公路交通安全管理局，并制定了第一个适用于所有汽车生产的联邦安全标准，其中包括所有客运车辆必须强制安装安全带。

现在我们难以想象对汽车放任不管。但纵观历史，无数的新兴行业，如汽车、烟草、化工以及许多前数字技术，都经历过相对不受法律约束并享有特殊待遇的时期。最近，所谓的科技公司也在经历类似的现象，科技公司的定义通常包括：设计、开发或支持计算机操作系统和软件应用程序的公司；从事硬件设备、数据存储产品、网络产品、半导体、元器件制造的公司；以及提供技术相关咨询服务的公司。尽管科技已经成为逃避监管或治理的免费通行证，然而随着越来越多的公司提供基于软件的产品和应用程序，这个行业的边界也变得越来越模糊。

过去二十年来，数字工具和技术对传统部门和传统行业的渗透催生了一系列科技新词，如金融领域的金融科技（fintech）、教育领域的教育科技（edtech）、医疗保健领域的健康科技（healthtech）、环保技术领域的清洁科技（cleantech）、保险领域的保险科技（insure-tech）、法律服务领域的法律科技（legaltech）等。尽管金融服务公司高度依赖于新兴的先进技术但不可以免于监管，医疗专业人员也不能因使用尖端的数字外科或医疗工具而免除责任，但这种技术特性却往往使得科技公司不必达到与传统同行相同的要求。例如，需要手术植入的侵入性脑机接口通常作为医疗设备接受监管，但非侵入性脑机接口则被视为大众化技术，除了普遍适用的消费者保护法规，在很大程度上是不受监管的，而这些法规对此类神经技术带来的各种新风险和新危害缺少准备。

传统行业和部门受制于一系列复杂的特定领域法律法规，这些法律法规旨在规定最低标准的安全和质量要求，并保护个人和社会免于不当风险和系统性损害，然而这些领域中的技术干预往往可以逃脱类似的规则或条例。例如，传统银行受到严格的监督和全面的监管，而P2P贷款应用程序则没有；同样，医疗设备受到严格监管，消费者可穿戴设备则不受监管，如健康和健身追踪器。这种对科技公司的特殊待遇使越来越多的公司能够逃避各种各样的法律法规。再加上技术决定论的概念——相信社会进步是由技术创新驱动的，而技术创新又遵循一个"不可避免的"过程——许多科技公司在很大程度上仍然不受法律法规的约束，或者监管机构担心技术创新被扼杀。

然而，在某一时刻新技术或新行业的风险明显开始超过这种不干涉方式带来的好处，监管就变得必要且恰当。就许多数字技术而言，这一时刻早已来临。由于这些技术和应用在很大程度上不受监管，我们无意中在这些技术涉及的行业（即所有行业）造成了无法缓解的风险并接受了这种风险。立法者正慢慢开始接受这种特殊待遇的终结，尽管他们仍保持着特殊的修辞和语言。例如，欧盟委员会反复强调"线下违法的，线上同样违法"，还为数字平台引入了新的规则和条例。这种态度尤其令人担忧，因为现在几乎每家公司都是科技公司，因此，如果我们让科技公司的活动免受任何法律限制，那就真的无法无天了。

此外，由于科技公司通常涉及数字数据，我们通常想使用数据保护或数据隐私框架来处理或解决没有做好应对准备的各种问题，就好像与数据相关的治理机制可以某种方式更广泛地代替其他治理手段。例如，我们可能认为，强有力的数据保护或隐私法可以充分降低与健康相关的消费者可穿戴技术所带来的风险，这些技术不是由受监管的医疗服务机构提供的，或在现有法规下不属于医疗设备。同样，我们可能希望数据隐私法能够作为适当的治理方式用于零售交易应用程序或通过算法确定利率的另类贷款平台，即使这些工具超出了传统金融监管的范围，没有有效的法律法规来管理数据驱动型科技公司的活动，我们往往过于依赖数据保护和隐私框架，指望它们能成为解决技术相关治理问题的灵丹妙药。

但并非所有涉及数据或数字技术的问题都是数据保护或数据治理的问题，至少数据保护或数据治理不是唯一的问题。这种想法过于狭隘，而且有可能将隐私简单地归结为有关数据的技术官僚问题。换句话说，当一切都数字化时，实际上就不再有数字权利，而只有权利。当一切都是数据时，数据治理就成了治理。当数据无处不在，在人类环境中到处穿梭，调节我们与现实的关系时，它就失去了在管理人类与技术之间的关系时锚定社会的能力。相反，我们需要一个更好的锚或不同的起点。围绕这种数据中介关系的管理规范，我们必须开始建立新的共识，首先包括对数据产生具体过程的限制。

数据化及其推手

在《大数据》（*Big Data*）一书中，肯尼斯·库克耶（Kenneth Cukier）和维克托·迈尔-舍恩伯格（Viktor Mayer-Schönberger）对数据化（datafication）的定义是：将以前世界上无法量化的东西转化为数字数据的数字量化格式从而可以将其制表并进行分析。数字化（digitization 或 digitalization）只是将以前的模拟内容（如书籍或音乐）转化为机器可读的数字内容，而数据化则将迄今为止生活中所有非信息的方面都转化为可用于跟踪、测量、监视、预测、推动和以其他方式分析或影响个人和集体行为的数据。

库克耶和迈尔–舍恩伯格认为，数据化实际上改变了被数据化的东西的本质，将其转化为新的价值形式。在资本主义的背景下，数据化涉及从生活中抽象并提取想法以产生利润，使人类经验中以前未商品化的方面商品化。例如，脸书数据化友情和兴趣，推特（Twitter）数据化随意的交谈和偶然的想法，LinkedIn数据化员工和求职者的专业网络等。如果这些Web 2.0平台想要将我们的个性或人际关系的外化表现数据化，Web 3.0或元宇宙技术则试图将一切都数据化，包括我们外在和内在的生理、心理、认知和情绪状态。

除量化之外，数据化还制造了非物质化的幻觉，并通过这种幻觉得以维系。在《数字化生存》（*Being Digital*）一书中，尼古拉斯·尼葛洛庞帝（Nicholas Negroponte）将数字化现象描述为从原子到比特形式的电子数据的转变。根据尼葛洛庞帝的说法，比特以光速运动，和原子不同，不遵守关于物质、空间或时间的广义相对论定律。他还认为，"从原子到比特的转化是不可逆转且不可阻挡的"。但是，正如荷兰法律理论家米雷耶·希尔德布兰特所说，"比特和字节由原子构成，镶嵌在硅片上。无论多么小，它们仍是物质，这很重要。"因此，数字数据仍然受制于时空规律。然而，那种非物质的、超脱自然法则领域的优势，支撑着一些影响巨大、经久不衰的关于技术创新的必然性以及对带来创新的公司的特殊待遇的神话。

同样，我们可以把数据化看作从物质世界中获取事物并将其转化为数字的、非物质的形式，模糊产生结果数据的具体时间、能量、材料和其他资源。正如凯特·克劳福德在《人工智能图谱》中指出的，就像云计算等具有抽象内涵的术语一样，"数据已经成为一个没有生命的词汇，掩盖了它的物质起源和目的"。和许多技术相关的隐喻一样，关于数据非物质性及数据化过程的神话支撑其利润的不断增长，已经获得了巨大的利益。量化、商品化、非物质化和神话化都是强大而持久的数据化推手，也是数据化转化的基本过程。

在《监视资本主义时代》一书中，肖沙娜·祖博夫使用"转化"（rendition）一词来描述具体的操作实践和操作过程，在这个实践过程中，人类经验被视为数据化的原材料。通过转化，"自我私密领域，如人格和情感，成为可观察的行为，并因其大量可见的盈余储备而令人垂涎，而庇护内心生活的个人边界被新一代自我雇佣兵正式确定为对商业不利，他们决定为了监控收入而解析和包装内心生活"。在祖博夫看来，这是监视资本主义的原罪，不这样做转化就无法进行。换句话说，为了利益，转化无情地侵蚀自我周围的所有边界，无论是身体的、精神的、心理的还是情感的。一系列新兴的先进技术使转化成为可能，不断侵蚀这些边界，威胁个人的自主权和最低限度的自我完整性，而这些是隐私权的基础。

此外，除了对个人的威胁外，数据化还利用了整个社区和社会。学者尼克·库尔德利（Nick Couldry）和尤利西斯·麦积亚斯（Ulises Mejias）认为，可以将数据化理解为一种新的殖民过程，在这个过程中，人类生活和社会资源被用于持续不断的数据提取，为西方资本主义的利益而侵占数据——这个过程被称为数据殖民主义。从这个角度来看，数据化可以被视为根植于长期殖民主义历史的另一种形式的榨取和挪用。数据殖民主义的受益者主要是拥有并掌控基础设施的大公司，这些基础设施使这种榨取成为可能。企业对不受约束的连接、数据化和个性化的推动得到了一个"神话"的支持，即"这一切都是无法避免的，如今连接和数据提取基础设施以某种超验的方式实现了人类的集体潜力"。这种逻辑的一个典型例子就是Meta和谷歌等公司所采用的修辞，因为它们在整个大陆周围铺设海底电缆，不惜一切代价追求联通。

2011年，风险投资人马克·安德森（Marc Andreesen）在《华尔街日报》（*Wall Street Journal*）上发表了一篇题为《软件正在吞噬世界》（Software Is Eating the World）的文章，正如文章中所描述的那样，硅谷对转化的欲望永无止尽。但是，超越物质和人力资源向数据驱动型经济转型只会加强这种欲望。正如克劳福德所言，这种新逻辑，或者"一切都是数据，随时可以获取的信念"，已经遍布于技术部门，而实际上，现在几乎每个部门都是技术部门，这也就进一步扩大了这种逻辑在私营企业的影响范围。情感识别和神经技术旨在挖掘我们的内部状态，是这一现象的重要例证。

数据保护的不足

撇开修辞和神话不谈，数据化或转化并不是不可避免的，也不是非物质的，尤其是涉及我们内心生活和生活经历的部分。命名、识别并理解这些过程和现象可以帮助我们揭露其局限性，并认识到个性、社区和人性中不能或不应该被量化并通过数据化转化供新殖民主义资本提取的那些方面。相反，我们可以也应该直接对数据化和转化施加限制，从它的基本假设和实施过程开始，包括私人拥有和运营的将人类生活和经验转化为数字数据的基础设施和操作过程。遗憾的是，数据保护并不能胜任这项任务。

对数据化的限制与现有法律法规中常见的数据保护原则不同。例如，《通用数据保护条例》规定"收集个人数据应出于特定的、明确的、合法的目的"（收集限制原则），"不得以与此类目的不相容的方式进一步处理个人数据"（目的限制原则），并且"限于与处理目的相关的必要内容"（数据最小化原则）。类似地，即将出台的《加州隐私权和执行法》（*California Privacy Rights and Enforcement Act*）将这些原则合并为一个单一的要求，即"企业收集、使用、保留和共享消费者个人信息，应是合理必要的，并符合收集或处理个人信息的目的，或符合与收集个人信息目的相一致的其他公开目的，不得以与上述目的不相符的方式进一步加工个人信息"。

这些原则已经编入现行法律当中，但由于各种原因，不足以抵抗后数字网络物理世界中的数据化，其中一些原因在第5章中已简要概述。然而，面对后数字世界中贪婪的数据化，重新审视数据保护的不足是很重要的。现有法律认为，在数据收集方和被收集方之间至少有一小段时间和空间，而不完全是被动或自动的数据收集，但随着我们进入一个万物互联的感知世界，这种完全被动或自动的数据收集越来越多。有些人可能会争辩说，像《通用数据保护条例》这样的数据保护法至少在一定程度上限制了被动或自动的数据收集，并且在没有合法利益或其他正当目的的情况下禁止这种数据收集。但是，除非数据主体被识别或可被识别，这些限制不会生效或发挥作用，而在被动数据收集的阶段数据主体通常不会被识别，因为这样它就不是个人数据的收集，就能更容易逃脱法律的约束。

现有的数据保护框架假定这种被动或自动数据收集的对立面之间存在某种可见性或某种关系，例如企业与其消费者之间（或者在《通用数据保护条例》的例子中是数据掌控者与数据主体之间），但没有考虑到观察、收集和吸收大量数据的各方的复杂性或模糊性。在这里，数据保护和隐私从业者及学者可能会反对，数据处理机构的概念旨在涵盖由数据被收集方可能不知道或比较模糊的数据收集方所收集的数据。然而，数据处理机构（或类似实体）的义务是一种法律和组织要求，必须通过该机构与确定收集和处理的目的和性质的数据掌控者（或类似实体）之间的合同或其他约束机制"向下流动"。然而，面对新型法律和技术公司以及新的组织结构，这一法律和程序监管链日益受到挑战。以人工智能和机器学习为例，类似于数据掌控者的企业可以从开放或公共资源中（如数据集库）获得初始数据源，而无需作为数据处理机构（或同等实体）与其建立任何契约关系。

但是，正如第5章所探讨的，也许最重要的是，这些原则及其框架一直认为存在符合个人数据或个人信息的技术定义的数据点，并且仅适用于这些数据点。尽管随着时间的推移，大多数数据在与其他数据结合时，能符合个人数据或个人信息的法律定义，但大多现有数据保护法的设定仍然存在一个排序问题。具体来说，它们没有考虑到这样一个现实，即越来越多的新兴先进技术在收集或处理数据时清除了大量不符合这些要求的数据，特别是被看作汇总的、匿名的或不可识别的数据，然而这样做对个人来说存在风险。再加上立法者和政策制定者越来越热衷于从这些定义中寻找例外，以避免扼杀创新力，结果就是现有的以数据为中心的技术治理范式存在重大漏洞。

后数字时代网络物理世界越来越活跃、有感知力、有观察力，并且能够影响或操纵个人和集体的思想、感情或行动。因此，当某些东西被转化为数据时，可能为时已晚，我们无法确定该数据代表什么，如何编码或解释，如何使用或提取到其他系统或流程中，或者如何（或最终可能）据此做出关于人的重要决策。此外，转化和数据化的决定和能力首先突出了严重的权力不对等，正如在进行转化或数据化的各方与被转化或数据化的各方之间的权力不对等。换句话说，一旦某些东西被数据化了，就权力、包容、平等或公平的基础进行谈判往往为时已晚。正如库尔德利和麦积亚斯所言，"自动数据收集威胁了自主性……不是因为它的实际用途总是有害的（事实上，有些可能是有益的），而是因为它的不当使用有可能扭曲个人生活和行动的空间"。

在这种情况下，有效的治理需要我们共同为网络物理世界预先协商新的规范，首先要确定并限制那些根本不能或不应该转化为数据的事物。超越数据保护原则，如数据最小化、收集限制或目的限制，对数据化的限制将首先挑战将人类经验和存在体验转化或殖民到数据、指标、分析和资本中的基本主张。将认定技术行业对人类生活和经验的某些领域的主张是无效且违法的。至关重要的是，为了维持和保护基本权力，我们首先需要确定的是数据化的许可范围。立法者和政策制定者必须与数字工具、技术和基础设施的所有者及运营者进行谈判，阐明转化和数据化的边界（包括数据化的自然限制和规范限制），并编入法案。

数据化的自然限制

我们应该认识到数据化的自然限制。也就是说，有些东西，无论准确性、完整性或可靠性如何，根本无法进行转化或数据化。相反，试图对这些领域进行数据化只会产生代理数据，而非任何基本事实或客观观察。事实上，数据化技术充斥着文档化的局限和缺点，并且有可能导致我们根据外表和表象对内部状态或倾向做出错误的假设和推断。但是，即使这些技术并无用处，如果被误认为能够提供真实的或客观的见解，也会造成严重的伤害，因为这些见解随后会被用于制定或通知具有重大法律、经济或政治影响的决策。而在情绪或情感识别技术和神经技术中，数据化的自然限制尤为突出。

就此而言，科学家们对人工智能究竟是否能检测到情绪或人格特征没有达成一致意见。在现实中，这些技术检测的实际上是非语言行为或线索，如微表情、运动动作和某些其他身体动作。但是，许多研究人员已经记录了人们在不同文化背景和不同情况下，甚至在相同情况下不同个体之间，情绪状态交流方式的巨大差异。研究还表明，相同的面部动作或表情组合可以同时表达不止一种情绪。此外，这些动作和行为受到特定的内部和外部因素的综合影响，包括亮度或噪音等环境因素，而机器学习模型通常无法妥善处理或准确捕获这些因素。简单来说，与某些情绪或心理状态相关的非语言行为是非特异的、环境敏感的，并且在不同个体和不同文化之间高度可变，这使得自动化情绪或情感识别技术非常不可靠。

然而，即使它们没什么真正的用处，这些技术也会给人们带来严重的风险。事实上，一些学者将情感检测和识别技术比作19世纪末和20世纪初那些不可信的颅相学和面相学之类的伪科学，这些伪科学试图从头骨的形状或大小推断人的智力，并且从面部表情或特征推断人的性格或个性。转化或数据化这些内部状态，包括将不可信的情感理论引入数字系统，可能会营造出数据准确性或确定性的假象，进而威胁到个人和群体的权利。

"智力等级"，出自塞缪尔·威尔斯（Samuel Wells）的《新面相学》（1868），这是伪科学为基于身体特征的歧视进行辩护的一个例子。这幅插图的设计目的是"通过轮廓、大小和形状来展现发育和智力的不同等级"。来源：维基百科

利用技术根据身体或外表来评估个人性格的历史充满了种族、性别和其他偏见，而现代情绪和情感识别技术同样会强化种族主义和厌女的等级制度。例如，从面部表情解读情绪状态的自动化工具体现了种族偏见，常常把非裔美国人面孔解读为比白人有更多的负面情绪。研究人员还在其中发现了年龄和性别偏见，例如在描述男女两性面孔之间不同情绪类型时准确度不同。此外，机器学习模型基于单一性别面孔与基于多性别面孔来进行训练，准确性上存在差异。

还有一个充满自然局限性的技术是神经技术，特别是那些声称可以解码神经活动以"读心"或检测意图的工具。通常，这些技术依赖于观察"神经关联"——精神状态（如情绪、意图或感知）与脑电活动或大脑神经模式之间的相关性。但是心理和认知现象的神经关联，包括制定决策的神经回路，是不精确的，而且科学上对其了解甚少。根据一些学者的说法，"神经假体也许可以读取精神状态的神经关联片段，但不能完整读取整个心灵。因此，从神经记录中解码出来的所有思想片段对于整个思想的构成占了多大比例仍未可知"。

此外，由于神经活动与精神或情绪状态并不完全相关，因此在通过脑机接口或其他设备"下载"或"读取"之前，必须通过人工智能和机器学习算法对其进行处理、解释并转化为数据。这些算法通常很复杂、不透明，而且归私人所有，有时还会在个人的思想感情与用于交流或表达这些思想感情的技术之间产生难以理解、不可预测、无法解释的过程。使用自动补全或纠正结果的预测工具和技术进一步加剧了这些挑战；只要考虑一下现有的用于文本消息或文字处理应用的自动填充和自动更正工具是多么初级，然后想象一下使用这些技术来补全或预测思维或表达模式，就能明白。

但不管这些技术是否真的能读心，都有被当作能读心而投入使用的风险。而且即使在肯定最不准确最不客观的情况下，它们也有可能被说成是准确客观的。与情绪和情感识别技术一样，当其得出的结果被用来在各种情况下对个体做出可执行的决定或推断时，神经技术可能会对个人带来巨大的风险，即使它们的表现和预期或描述不一样。例如，在法律判决或刑事司法的应用中，这些风险将大大增加，因为神经技术可能被用来推断精神状态或动机。因此，认识到这些技术的自然局限性对于约束数据化至关重要。

此外，当我们从数据的角度出发时，如果不挑战数据化所带来的问题，我们就会模糊新技术导致的重要政治和道德问题。正如洪善河（Sun-Ha Hong）在《投机技术》（*Technologies of Speculation*）一书中所说，数据化和量化实际上是社会技术。具体来说，他解释道，"通过数据化追求更好的知识会导致社会对客观真理的看法发生转变，对数据纯洁性的集体信仰也会导致试图利用数据绕过重要的政治和道德问题，通过技术方案净化身体"。这样就存在巩固现有权力结构（如种族和性别动态）的风险，并可能现状永远得不到改善。在一个以复杂性和不确定性为特征，而且新技术干预带来日益严峻的政治和道德挑战的世界中，数据化"试图成为我们毫无根据的基础"。我们对这些认知幻想的集体信仰，正如洪善河所说，改变了真理和确定性的定义。

　　认识到某些工具、技术、数据化或推测技术固有的局限性是抵制这些过程的第一步。指出这些技术的自然限制为我们争取了时间，根据预防原则，或"当人类活动可能导致道德上不可接受的伤害，科学上似乎合理但不确定时，应采取行动避免或减少这种伤害"的观点，明确已有的和将来的危害的规范限制。例如，法律学者苏西·阿莱格尔（Susie Alegre）认为，威胁干扰我们思想自由的技术发展属于"道德上不可接受的伤害"的范围，并触发了预防原则。识别了当今神经技术的自然限制，我们可以开始识别道德限制，并为其未来的使用建立规范约束。

数据化的规范限制

　　无论是现在还是将来，即使我们生活和经验的某些方面，可以作为一个实际物质，以任何程度的准确性、完整性或可靠性来转化和数据化，仍然有一些东西我们不能允许受到这些过程的影响，这是原则问题。相反，我们应该首先禁止对这些它们的转化和数据化。尤其是我们内心生活和经验的领域，其中包含我们未表达的思想、感觉、倾向和情感，因为它们对个人身份、尊严、自主和自我的完整性至关重要——反过来，这些也是一个有凝聚力的社会的重要组成部分。这种规范性禁止的基础植根于伦理和道德哲学，包括市场的道德限制。

　　然而，像思想、感觉和情绪这样的东西以前不在市场范围之内，现在通过转化和数据化的过程将它们量化，使之进入市场，赋予了它们经济价值。哲学家汉娜·阿伦特（Hannah Arendt）对资本积累周期的观察表明，社会和自然世界越来越多地服从于市场动态，对此祖博夫解释道："工业资本主义将自然的原材料转化为商品，而监视资本主义则要求将人性的东西转化为新商品。现在人性被搜刮，被粉碎，被当作下一个世纪的市场计划。"或者像数字媒体学者安德鲁·麦克斯特（Andrew McStay）所描述的那样，"曾经被制度禁止商业化的人类阶层可能会被挖掘并数据化"。

　　对于这个不断加速和扩大的数据化市场计划，库尔德利和麦积亚斯警告说，我们有可能忘记与自我的自主和自由相关的规范。他们挑衅地问道："我们能想象安装一个应用程序或芯片来衡量一个人是否真的爱上了另一个人吗？或者有一款应用程序，可以将一个人对所爱之人离世的悲痛程度与他人对同一个人或另一个人的悲伤程度进行比较？我们对自我的数据化不断地屈服，究竟什么时候会遇到我们觉得必须不惜一切代价保护自己的事情？"

对以前我们的生活以及内在自我中非数据方面的数据化，应该引起道德和伦理上的不安，这种不安指向一个更深层次的问题，即资本对数据化的无止尽的欲望——人类行为和经验的无限商品化或金融化。为了提取价值，任何东西都可以转化为定量数据，用于计算和分析；同样，任何东西都可以转化为市场上的新商品。没有对转化和数据化的限制，在后数字社会，市场可以说没有任何限制。如果没有对转化和数据化的限制，就几乎不可能防止歧视和不平等等负面影响。

在道德哲学家迈克尔·桑德尔（Michael Sandel）看来，商品化是经济或政治问题也是道德问题，因为它迫使人们发现我们珍视的东西，并研究如何珍视它。因此，通过数据化将人类经验商品化的能力代表了一种政治行为，市场规范排挤与之相关的非市场规范。正如桑德尔的警告，"利他主义、慷慨、团结和公民精神不像商品那样会随着使用而耗尽。它们更像是肌肉，随着锻炼而发展，变得愈加强壮。而一个由市场驱动的社会，缺陷之一就是会让这些美德衰败。"

万事万物的数据化和随之而来的商品化，也可能威胁到公平和包容等核心民主价值观。正如桑德尔所说，"钱能买到的越多，财富就越重要（缺少财富问题也越严重）"。他认为，"万事万物的商品化使金钱变得更加重要，从而加剧了不平等的问题"，还"腐蚀了人们的共性"，人们因经济能力不同而过着日益分割、阶层分明的生活。正如有人担心社交媒体技术会制造出回音室，加剧政治两极分化，我们同样要考虑毫无限制的数据化会威胁民主正常运转所必需的共同基础。

由于现有的数据保护框架不够完善，未能对数据化加以规范限制，上述价值观以及社会、政治的共同基础受到侵蚀的风险越来越大。库尔德利和麦积亚斯指出现有法规的局限性，比如《通用数据保护条例》"改变了数据殖民主义运作的规则，但没有涉及收集数据的商业目的"。《通用数据保护条例》目前被当作数据治理框架的黄金标准，这应该引起我们的警惕，并重申为何我们必须比现有数据保护法更早地干预数据化过程。

一些学者呼吁对某些类型的数据市场或数据化活动施加各种规范限制。比如，在《隐私就是权力》（*Privacy Is Power*）一书中，卡丽莎·维利茨（Carissa Véliz）

认为数据就是权力，为了控制监控经济，实际上需要彻底禁止数据经济。具体来说，维利茨呼吁禁止个人数据市场化，认为"个人数据不应以任何方式出售、披露、转移或共享，以获取利润或商业利益"，同时她还呼吁彻底禁止定向行为广告和数据经纪。

"数据就是权力"的说法只是部分正确。正如学者迈克尔·韦尔所指出的，"人们常说，在数字世界里，数据就是权力。这种简单的观点可能适用于通过应用程序或网站收集数据的公司，比如超市，但是没能准确找到控制这些应用程序和网站运行所依靠的硬件和软件平台的公司的权力来源。使用隐私技术，如'联邦'或'边缘'计算，苹果和谷歌可以理解并干预世界，同时又诚实表示它们从未看到任何人的个人数据"。正如我在第5章中进一步分析的那样，新兴技术将越来越多地在没有涉及个人数据概念的情况下（或在涉及个人数据概念之前）行使权力。因此，禁止个人数据的交易从根本上来说是有局限性的。

尽管维利茨认识到现有法律法规对个人数据的狭义定义存在漏洞，但她最终还是依赖于这些定义，包括个人数据和敏感数据的错误模糊的概念。例如，她认为"数据越敏感，禁令就应该越严格，对违法行为的处罚也应该越重"。此外，她呼吁加强数据最小化和收集限制原则的应用和执行，以间接阻止个人数据交易，而我已经强调过这些原则在后数字网络物理世界的局限性。

在《监视资本主义时代》一书中，祖博夫更进一步，建议我们完全消灭人类行为期货的市场。她解释道："只要监视资本主义及其行为期货市场得以发展，对行为修正技术的所有权就会使对生产资料的所有权黯然失色，成为21世纪资本主义财富和权力的源泉。"据祖博夫所言，"如果新法律禁止数据提取的操作，监视模式将会崩溃"。换句话说，我们必须把重点放在对行为修正技术和基础设施的控制上，而不是集中在对数据的控制上，包括禁止某些形式的转化和数据化。

民间社会和倡导组织愈加呼吁彻底的禁令，至少在某些方面禁止这些技术的使用。例如，倡导组织AI Now认为，"考虑到情感识别技术的科学基础存在争议……不应使其参与人类生活的重要决定，如面试资格或录用决定，保险价格，病人疼痛评估，或学生在校表现……政府应该明确禁止在高风险决策过程中使用情感识别技术"。另一个例子，一些城市和市政当局颁布了彻底的禁令之后，乔伊·布兰姆维尼（Joy Buolamwini）等民间社会倡议者和学术研究人员向亚马逊、微软、IBM和其他公司施压，要求其停止面部识别技术的开发，并停止向执法部门出售这项技术。这些也清楚地表明，自然限制如何让我们明白规范限制。此外还说明，在某些活动或决策中，无论个人数据的管理、保护或安全程度如何，在数据进入算法之前，必须进行有效的规范限制。

换句话说，面对不断入侵的、正在改变人与机器的关系的新兴先进技术，一直强调对个人数据隐私、安全和管理的监管，而对数据化没有任何预先限制，这是不可持续的。如果不明确数据化的自然限制和规范限制，已经足够强大的私营公司只会进一步将隐私和数据保护武器化，服务于监视和控制。除了数据，甚至除了对硬件和软件的控制之外，我们必须检查并挑战支持私人权力的底层叙事、技术和过程的合法性，方法包括对私有化的直接限制。

权力的限制

随着我们过渡到后数字网络物理世界，人工智能和机器学习广泛应用于各种活动和服务的运营和管理，不受约束的个人权力有可能超越封闭的线上服务，将物理空间置于企业的激励和控制之下，从而隔离或封闭物理空间。将这些私有运营的数字工具和技术整合到以前的公共空间中，可能会对其中的所有体验进行转化和数据化，威胁公共空间或共同空间的本质。

正如我们所见，即使这些公司没有收集特定个人的数据，它们也在提取人们的内在想法，以达到同样的目的——延续并扩展权力，控制越来越多的生活领域。正如克劳福德在《人工智能图谱》中所说，"新的人工智能淘金热席卷了人类认知、感觉和行动的不同领域——每一种可用数据——一切都陷入了无止境收集数据的扩张主义逻辑。这成了对公共空间的掠夺"。因此，对数据化和转化人类经验进行有效限制还要求对私人所有和控制的可接受范围加以限制，包括对共同空间和公共空间的划定进行限制，以保护个人和社区。

对公共空间的掠夺是各种形式的殖民主义（包括数据殖民主义）长期存在导致的结果。库尔德利和麦积亚斯从历史的角度解释"数据殖民主义如何完成从对自然的剥夺开始的侵占生命的过程"。进而认为"数据殖民主义的后果……就是通过施加在人类生活中的监视权，企业可以控制从社会生活中提取的资源，而这种监视权以前是不存在的。结果是企业权力侵占了人类生活，从而剥夺其独立性"。

2010年一项关于竞选财务法的裁决具有里程碑式的意义，美国最高法院裁定，宪法第一修正案禁止政府限制企业和其他实体投资政治广告和竞选活动。从那时起，企业可以保护与新兴技术有关的各种侵入性活动。例如，备受争议的面部识别公司Clearview AI从互联网上抓取30亿张图像，输入进出售给执法机构的人工智能生物识别工具，该公司为自己辩护，理由是根据宪法第一修正案，公司有权在未经个人同意的情况下捕获面部图像，此类行为受宪法保护。

日益增长的私有化或企业对权利的篡夺对于个人、社区和整个社会都是一种威胁。公司的权利越是扩张，实现和保护个人基本权利所依赖的制度就越是衰败。对此，丽贝卡·麦金农（Rebecca MacKinnon）有着先见之明，十多年前在其著作《网络化的同意》（*Consent of the Networked*）中指出，全球互联数字世界的治理，在保护个人权利的同时，也要限制政府和企业权力的滥用，必须植根于网络化的同意，才能合法且有效。但是，应用于公共环境或由公共部门采购用于政府服务的私有经营的技术复杂且不透明，数字世界的治理不断受到破坏。

通过财富积累以及对关键基础设施和其他重要设施

技术不断强化的控制，私营部门的影响力不断增强，政府逐渐放弃权力并失去对其主权职能的掌控。有效的治理必须解决政府与私营企业之间越来越不透明、不负责的关系，必须限制私营企业拥有并运营着民主所依赖的数字网络和平台的权力，并让私营企业承担责任。某种程度上，反垄断和竞争措施也必须包含在遏制公司权力的解决方案中，包括旨在通过控制基础设施来解决纵向整合的具体干预措施。如果不能采取这种全面的方法，私人权力不仅会对个人和社区构成威胁，还会日益威胁到政府和社会契约。继续过度依赖以数据为基础的干预措施将会导致灾难。

可允许的数据化

到目前为止，本章已经研究了数据化的自然限制和规范限制。自然限制是指将经验转化为数据在技术上还不可行，也许永远不会可行；而规范限制则是通过对市场和私有化施加道德限制来抵制万事万物的商品化。然而，只要数字技术依然存在，我们仍然必须与数据化作斗争，不是因为万事万物的数据化是可以接受的或不可避免的，而是因为有些东西的数据化是可以接受的也是不可避免的。

在某些情况下，数据化甚至是可取的或有益的。例如，很少有人会反对使用先进的神经技术来恢复视力或帮助中风患者康复，这些经证明是有效的。因此，我们可能同意认知或神经过程和思想的数据化是可以允许的，取决于数据化的最终目的。但是，尽管有可取性，这类用途仍然具有前所未有的风险和严重滥用的可能性。

即使在数据化可被允许甚至是有益的情况下，我们仍然需要预先谈判并阐明数据化可被允许的目的，对其施加限制，例如在符合公共利益的情况下，使用狭义的神经技术来支持医学研究。我们还需要为这些有限的目的制定有关数据化的事前规则和要求，对可能造成的伤害规定责任和后果，并实施缓解和补救策略。尤其是当执行机构是以盈利为目的的公司时。我们希望，对允许范围的限制，加上超越数据隐私和安全的其他规则和要求，将提供更强有力的保护，更好地应对后数字网络物理世界中对人类尊严、隐私、身份、自主权和完整性的威胁。

但是，我们仍然需要阐明并设计一个框架，以便为可允许的数据化设置预先规则，确定危害的性质，并制定可能的补救措施。就像建筑规范，食品、药品和饮用水的健康和安全法规，还有其他领域一样，我们不能把这种负担强加于任何个人或任何群体，关键是，我们不能从数据的角度出发。下一章将探讨如何有助于将负担从个人身上转移到组织和企业身上，这些组织和企业控制着与数据化相关的基本过程，最直接地从中受益，并造成了与数据化相关的大部分风险。

7 / 回到未来

在我们即将生活的后数字网络物理新世界里，我们过度依赖数据保护和以数据为中心的隐私框架作为有效技术治理的工具，这使得我们的治理面临失败。反过来，由于"科技公司"享受特殊待遇，个人权力不断扩大，我们越来越暴露、越来越脆弱。上一章探讨了为什么有效控制这种权力需要我们超越数据，在涉及个人数据之前进行干预，在某些情况下，甚至在数据进入算法之前进行干预。这种方法需要确定数据化和转化的自然限制，对两者施加规范限制，包括对市场和私有化的限制，并确定可允许的数据化范围和规则。但是，即使认识到这些措施的必要性，也并不能明确限制的范围以及规则的具体内容。

为此，我们必须回到未来。具体来说，我们必须回到隐私权和数据保护的概念，在它们转向信息通信技术之前，回到一个致力于保护人民而不仅仅是确保数据隐私或安全的框架。仅仅狭隘地关注隐私权，在旧观念的数字世界中可能是有意义的，因为那时的数字世界与"现实世界"是分离的，完全局限于信息通信技术领域。但在后数字网络物理世界中，这种狭隘的关注几乎没有任何意义，在这个世界里，数据构成了人造环境，并日益与我们的物理存在融合在一起，仅仅关注隐私权无法为技术治理提供稳定的基础。相反，我们必须立足于一些更根本的东西，即以人为中心的个人权力框架。事实上，随着新技术挑战作为人类的意义，个人权力现在可以说比其诞生以来的任何时期都更加重要，但却往往被当作无关紧要的东西而忽视。

本章考察了迄今为止权力在数字技术中的有限应用，后数字世界中新兴技术所蕴含的权力的广度，以及为了在应对我们所面临的日益复杂的挑战时提高权力的相关性，重新调整权力的应用的必要性。本章还探讨了这种对权力应用的重新调整可能需要我们重新评估和调整现有的个人权力，以及可能需要引入新的个人权力。我们希望，一个更健全的权力框架能够为防止过度榨取和商品化提供后盾，同时帮助我们围绕在美丽新世界中决定人与技术关系的规范重建国际共识。

元宇宙与权力

毫无疑问，新兴先进技术，如情绪检测和情感识别技术、神经技术、扩展现实和其他元宇宙技术等，都引发了与隐私相关的重大担忧。在第5章中，我简要阐述了每种新技术如何深入个人空间，威胁着要侵蚀我们内心生活和内在自我的边界。此外，尽管与个人数据有关的现行法律存在不足，并常常对个体的可识别性有所要求，将内心生活和内在自我转化为数字信息并将其数据化既引发了传统的数据保护问题也引发了新的问题。虽然传统的法律框架通常将隐私视为个人主义的考量，但新兴技术对个人、群体乃至整个社会产生的影响越来越大。

扩展现实技术是这些隐私问题同时具有个人性质和集体性质的一个明显例子。为了将虚拟组件和物理（或"真实世界"）组件融合在一起，扩展现实技术通常涉及生物识别和测量的收集和使用，实时位置跟踪，以及"始终开启"的音视频记录技术，这些技术可以创建详细的实时地图和空间或地点的模型，并记录环境声音。从使用该技术的个人的角度来看，扩展现实设备往往会捕获有关用户的声音或语调、虹膜、瞳孔运动和凝视、步态和其他身体运动、位置信息、设备信息和标识符等，很明显引发了对所收集的个人数据的隐私和安全的担忧。

使用这些技术，例如佩戴扩展现实耳机或眼镜，除了会给用户带来隐私风险外，还会给非用户或其他人带来巨大风险，这些人因在虚拟世界和现实世界中与该用户互动而被牵连。例如，"始终开启"的录音设备和摄像机可能会捕捉到不知情的旁观者的图像、动作、声音、对话和其他声音。如果结合先进的生物识别系统，如面部或语音识别技术，它们还可能在对方不知情或未同意的情况下定位并具体识别周围地区的人群，而且也没有任何选择退出的机会。目前，很少有法律或法规考虑到这些情况。因此，正如电子前沿基金会的警告，我们最终可能会进入一个"全球全景监狱社会，在公共或半公共空间不断受到监视"。扩展现实技术也说明了我们面临的隐私挑战的背景和人际关系的性质，以及在后数字世界中采取更集体性的方式的必要性。

但是，对于像扩展现实这样的元宇宙技术，人们的担忧比我们传统上认为的隐私挑战要深刻得多。根据定义，这些技术旨在改变或扩展现实。因此，它们天生就是操纵和歧视的有力工具。根据个人所面对的现实，他们可能会被说服、被操纵或被强迫做出违背自己最大利益的选择、行为或活动，而且往往是在不知情的情况下。这种现象已经存在于数字媒体和信息领域，例如关于个性化和行为定位的算法系统，扩展现实和类似的技术会进一步放大并加剧所谓的过滤气泡效应。此外，生活在同一物理空间中的个体可能会体验到不同版本的"现实"，这取决于他们的性别、种族、社会经济地位和其他受保护的或敏感的属性（也可能取决于他们对最新或最好的扩展现实技术的购买力）。这样一来，这些技术对个人自主、人类尊严、选择、同意和自决等价值观构成了直接威胁，而这些价值观往往是隐私权的基础，也是民主社会运作的核心。

情绪识别、神经技术与权力

任何一个冥想过的人都可以证明，思想和情绪会自发地、无意识地产生，而且往往不在我们的控制范围之内。如果通过可以"阅读"大脑的神经技术，或者通过从身体或生理特征来推断精神或情绪状态的情绪检测和情感识别技术，使自动的或被动的思想感情观察和收集活动成为可能，从广义上讲，我们的隐私将受到威胁。如果这些技术在公共环境中得到广泛应用，人们将无法控制或没有机会对收集或推断关于他们的敏感信息表示同意或反对，这些信息也有很大风险在未经授权的情况下被使用或披露。例如，这就是为什么通用面部识别技术的使用受到各地人们如此激烈的争论和反对，导致越来越多的城市和辖区部分甚至完全禁止这种技术的使用。

个体的自由和自主也受到这些技术的威胁，因为它们扩大了他人对我们的决策制定产生影响的范围，比如我们的情绪、情感或思想。根据哥伦比亚大学的神经权利倡议，"神经技术引起了独特的伦理问题，因为与以前的技术不同，它直接与大脑产生相互作用并直接影响大脑"。除了隐私和安全挑战的复杂性有所增加之外，人类受到更高程度的威胁，这些技术可以用来干涉或影响我们的决策制定或控制我们的思想（有时被称为精神控制）。个性化和定向行为广告对隐私权、思想自由和表达自由构成了严重风险，而神经技术将这些风险放大了一个数量级，同时还引入了新的风险，如对人的操纵、非自愿大脑阅读或神经黑客等。

根据其使用或应用，情绪识别和神经技术也可能涉及不自证其罪的自由和正当程序的权利，同时威胁到无差别对待和平等保护的权利。例如，在司法、立法或执法环境中使用这些技术，特别是如果思想、感情或情绪被用来推断或归咎犯罪意图或罪行，会造成严重的问题。比如说，如果我的情绪让我想象伤害某人，但我无意根据这些想法或感觉采取行动呢？如果有人操纵我实施犯罪或者植入我犯罪的错误记忆怎么办呢？如果这些技术被用于预防犯罪或预先治安工具，特别是在已知存在种族、性别和其他偏见的问题和限制的领域，会怎么样？虽然可能看起来像科幻小说中的场景（目前大部分都是），但如果这些技术能够应用于上述活动，或者更可能的情况是，人们当它能够应用于上述活动中，这些类型的问题对于理解和阐明这些技术造成的权力相关风险和担忧至关重要。而且也引起了对人类尊严更深层次的关注。

我们的身体越来越多地被技术扫描和监控，试图推断我们的内部状态，我们承担着吸引不想要的、多余的注意力到我们的行为和身体上的风险，加强了自我意识、社交焦虑和自我物化。正如一位学者所说，情绪检测和情感识别技术带来了独特的风险，"人类可能被视为情绪动物，从生物学上对人类进行绘制和操纵，或者被视为客体而非主体"。即使没有直接的干预或操纵，这些风险仍然存在。研究表明，当我们被监视时，我们的行为会有所不同，这充分体现了监视对社会和个体行为的影响，如果我们的想法或感受因为这些技术的使用被自动或被动地观察或推断，我们的想法或感受也可能会受到影响而发生改变。对某些个体或群体来说，如果他们有小众的或与众不同的观点、意见或偏好，这些技术将威胁到他们参与社区或社团的社会生活或文化生活的能力。我们的思想感情一旦通过情绪识别和神经技术实现转化和数据化，就会被商品化，为了获取商业利润还将使这些经验领域受到操纵和利用，并且往往违背了我们自己的最大利益，进一步威胁到人类的尊严。

为后数字世界重新校准权力

正如学者威廉·舒尔慈（William Schulz）和苏什玛·拉曼（Sushma Raman）在《即将到来的美好社会》（*The Coming Good Society*）一书中所言，"如果个人权力不能适应新的社会现实，它们就会因其冷漠和无关紧要而被侵蚀，就像它们被人们的蔑视所侵蚀一样……当既定的个人权力受到威胁时，确保其仍被视为对当代问题的回应，这比以往任何时候都更为重要。"事实上，从实质性的角度来看，我们可能需要重新解释并调整现有的权力，并在必要时引入新的权力。在某些情况下，重新解释现有权力和引入新权力之间的界限没有那么清晰，因为这些"新"权力可能更类似于衍生权利，就像数据保护是基本权利隐私权的衍生权利一样。

事实上，我们现在迫切需要调整的一项基本权利就是隐私权，它一直被强调为数字技术的核心问题，有时甚至用来概括对数字技术尚未明确表达的忧虑。从某些角度来讲，在数据保护中引入隐私权，是为了调整隐私权的内涵。但正如我在本书中讨论的，对个人数据的过度关注使得数据保护无法应对后数字网络物理世界中对个人权力的各种威胁。因此，我们可能需要直接重新审视隐私权的问题。

迄今为止，由于对数据（特别是个人信息或个人数据）近乎单一的关注，对数字技术中隐私权的应用也造成了相当大的限制和阻碍。然而，从理论上讲，隐私权的普遍性应该使其随着时间的推移可以更加持久、可持续地调整适应新的技术现实。正如舒尔慈和拉曼的主张，"必须定期重新审视并更新（隐私权），以应对我们周围不断变化的现实"。

如前所述，在后数字网络物理世界中，人造环境由数据构成，这使得任何个人都越来越难以甚至不可能选择不使用特定技术，更不用说躲避通过这些技术的应用而实现的对任何个人数据的收集或处理了。正如第3章中进一步探讨的那样，这一现实使得许多学者都呼吁更多集体性的数据权利。但是，广义的情绪检测和情感识别技术、行为和软生物识别技术以及其他先进技术，特别是应用于公共空间的技术，其本质要求我们超越个人数据，通过更集体的视角重新解释基本的隐私权。

考虑一下在公共空间，如智能城市中情感识别技术的使用。正如安德鲁·麦克斯特所言，"鉴于世界上一半以上的人口居住在城市，其中许多城市的目标是成为'智能城市'……应该考虑到社区隐私，避免既超出道德底线又破坏个人生活与公共生活之间关系的'商品逻辑'。"随着人类的机器可读性不断提高，我们要做的不是评估特定个体的（数据）隐私风险；相反，我们必须面对的问题是，我们想要生活在什么样的社会，以及我们是否重视匿名之类的东西，包括我们是否可能在某些情况下需要拥有真正的匿名权。当然，这些隐私问题的集体性质也可以解释为与经济权利、社会权利和文化权利有关，例如参与社会文化生活的权利，特别是在如果没有一定程度的匿名，某些个人或群体可能更容易受到伤害或面临风险的情况下。

另一项通过重新校准或调整能够获益，证明其在后数字世界中的意义的基本权利是思想自由和信仰自由，尽管可能更具保护性，但这项权利在关于数字技术治理的讨论中远不如隐私权那么突出。但是，由于新兴的情绪检测和情感识别技术、神经技术和其他技术创新，或者更紧迫的是，人们越来越相信这些技术的性能，曾经不必要的事情可能变得必要。正如我前面探讨过的，那些试图转化和数据化我们内在精神和情感状态的技术，对我们的思想自由和信仰自由，以及在不受干涉或胁迫的情况下持有观点的自由构成了明显的威胁，因为它们本质上就是操纵和控制的工具。因为这些新兴的先进技术，我们的内心世界可能不再遥不可及，同样，思想自由的绝对性也不能再被视为理所当然。正如舒尔慈和拉曼的主张，"随着我们周围世界的变化，现在可能难以想象的新权利将会出现，而一些现有的权利将需要重新定义"。然而，针对这种技术发展是否需要制定新的权利，或是仅需对现有权利进行重新定义，学者们意见不一。

哥伦比亚大学神经权利倡议的研究人员认为，"现有的条约无法提供神经技术世界所需的全面有力的个人权力保护"。因此，他们主张在神经技术时代创造新的权力，即所谓的神经权利，这种权利衍生自隐私权和思想自由的基本权利。除了传统上列举的隐私领域，比如家庭、住宅和通信，研究人员认为我们可能需要明确一些新的东西，比如"精神隐私权，就是保护思想不被泄露的能力"。他们还呼吁额外的神经权利，以保护"身份权，就是控制个体身心健全的能力"，以及"能动权，就是选择个体行动的自由思想和自由意志"，这些权利与思想自由和信仰自由的基本权利关系更加紧密。一些国家，如智利和西班牙，正着手落实类似的倡议。

有关思想自由和信仰自由的一系列新的实质性权利的建议也被定性为"精神自决"、"认知自由"和"心理连续性"的权利。除了内在的思想自由之外，一些学者呼吁将思想自由扩大到"构成思想的外部行为"，如阅读、写作或互联网搜索，因为这些保护（至少在法律层面）应该是无条件的，而且比隐私保护更具有保护作用。但不是所有人都认为我们需要新的权利。例如，法律学者苏茜·阿莱格尔认为，这些新提出的权利实际上"代表了21世纪思想自由权的实际发展"，相比于引入新的权利，我们只是需要"在现代背景下对思想自由和观点自由的含义进行更明确的指导和法律上的改进，还需要一个更详细的法律框架来保护它"。

这种法律框架可能需要程序上的调整，比如建立新的基础设施或者分配额外的资源来支持此类法律的发展。例如，神经权利倡议的学者主张进行程序改革，首先在联合国内部成立新的神经权利专家委员会，聘用具有相关专业知识的特别顾问，并与开设先进神经技术研究项目的国家定期进行磋商。从长远角度来看，他们承认可能需要一项专门针对神经权利的全新的国际条约，或者至少要重新解释现有条约以应对新的挑战，需要任命神经权利问题特别报告员，甚至需要建立一个专门针对神经权利的机构。类似的程序改革建议可能适用于隐私权以及思想自由和信仰自由以外的其他基本权利的重新定义或调整。

最后，为了更好地服务于全球互联的世界，与数字技术相关的权力的未来迭代应该寻求在更加个人主义的公民权利和政治权利，与更加集体性的经济权利、社会权利和文化权利之间取得更好的平衡，并重新探索其间内在的相互关联性。新兴的后数字时代先进技术，特别是与群体乃至公众相关的通用技术，与我们生活中方方面面的决策制定所使用的算法和自动化过程一样，构成了与排外、歧视、不平等和不安全相关的越来越大的风险。因此，现在经济权利、社会权利和文化权利的概念比历史上任何时候都更重要。然而，它们几乎已经从数字权利对话中消失了。因此，我们可能还需要重新定义经济权利、社会权利和文化权利，以证明其重要性。

经济权利、社会权利和文化权利在后数字世界中具有至关重要的意义，强调公平和包容，承认人人有权"享有可达到的最高标准的身心健康"、"参与文化生活"和"享受科学进步及其应用带来的好处"等。调整这些权利使之适应新兴的先进技术，在某些情况下可能需要更具体地阐释或举例。例如，就神经技术而言，"神经权利倡议"提议引入"平等地获得智力增强的权利，或确保通过神经技术提升感官和精神能力的好处可以公平分配的能力"，以及"免受算法偏见的权利，或确保技术不会增加偏见的能力"。

权力作为反商品化的保障

随着各国政府越来越依赖私营公司提供的数字工具和技术来协助传统的公共服务，包括教育、医疗保健和社会服务（疫情加剧并加速了这一趋势），商业激励越来越多地影响我们在后数字世界的生活体验。虽然现在的公司逐渐认识到它们尊重个人权力的独立责任，但是对数字基础设施的控制越来越大的大型科技企业仍然受到企业商业利益的驱动。例如，它们可能对隐私权等个人权利提供加强保护，但需要额外付费。

此外，随着Web 3.0或元宇宙的概念通过基于区块链的应用程序、加密货币和被称为无可取代的代币的数字收据获得追捧——代表着基于内容的、由定向广告支持的网络转变为每一次互动都变成金融交易的网络——个人权力对反商业化的支撑作用只会变得更加重要。正如作家伊恩·伯格斯特（Ian Bogost）所说，"首先，互联网使网络生活变得更加容易。然后，它使网络生活产生的注意力的货币化成为可能。现在，所有网络生活的数字消耗即将成为投机性投资的一个资产类别，就像股票、大宗商品和抵押贷款一样"。或者更直白地说，"Web 3.0的黄金承诺是，由计算机记录的人类生活的每一个方面都将被抵押"。

权力与共识

虽然对互联网这样的跨境技术的有效治理通常都需要一定程度的国际合作，但由于新兴的（并且越来越无边界的）技术的复杂性，对跨境协调与合作的需求变得更大。正如欧洲数据保护监督员关于疫情技术（如病毒接触通知手机应用程序等）发表的看法，"病毒无国界，我们最好制定一个共同的欧洲方法来应对当前的危机，或者至少建立一个可以互相操作配合的框架"。同样，世界卫生组织指出："识别特定个体并验证疫苗接种情况，这需要国际合作，协调复杂的系统，以及广泛采用开放的可互相操作性标准，以支持安全的数据访问或交换"。

当下，个人权力在世界各地都处于危险之中，这主要是因为我们忘记了它的重要性。由于个人权力的诞生早于数字化和数据化，因此它有时会显得有些过时，或与现代技术增强的世界格格不入，在关于数字技术治理，以及不久后关于后数字时代治理的讨论中，个人权力尤其被低估。正如本章所探讨的，我们可以通过重新调整现有权利，有需要的话引入新的（或者更准确地说，衍生的）权利，并提供实际制度支持，来恢复个人权力与时代的相关性。我们必须超越其应用的局限性，即一味地强调隐私权的狭隘概念，忽视其他权利。我们必须认识到公民权利和政治权利以及经济权利、社会权利和文化权利之间内在的互补性和关联性，恢复其间的平衡。如果没有这种对权利的重新调整，我们就有可能刺激对数字技术更专制的做法产生。

正如关于数字数据的现代数据保护法从隐私权出发，个人权力是我们在后数字世界中建立技术治理新共识的最大希望，类似于数据库时代围绕"公平信息实践原则"形成的广泛共识。将新兴先进技术的治理扎根于个人权力框架，能够让我们从人的角度出发，而不是从数据、技术、商业或市场的角度出发。因为个人权力首先是关于人的，其代表的是真正的以人为中心，而不是强大的威权主义或商业利益所兜售的被稀释的权力。通过这种方法，我们可能会在元宇宙的黎明时分（无论它最终会以何种形式出现），打破我们今天所处的数据僵局，并设想一个超越数据的未来。

致谢

很多人影响并启发了我对数据、权力和技术的思考，在此我无法将他们一一列举出来。

尽管如此，我还是要感谢我在伯克曼·克莱因互联网与社会中心（尤其是我的边境咖啡馆团队）、斯坦福大学数字公民社会实验室（尤其是一直支持我的露西·伯恩霍尔兹）、牛津大学人工智能伦理研究所（尤其感谢约翰·塔西奥拉斯）的朋友和同事。对于将这些思考和灵感塑造成一本真正的书，我要感谢戴·温伯格早期的探索性对话和鼓励，感谢本·格林分享了他对成功的图书提案的看法，感谢匿名评论家对我的手稿提供了深刻的反馈和建议，感谢我的制作编辑黛博拉·坎托·亚当斯让这本书读起来有很好的体验，感谢我的编辑吉塔·马纳克塔拉，她给了我第一次写作的机会，感谢她一路上的指导和支持。

　　在这本书从提案到出版之间的这段时间里，我遇到了许多个人和职业上的挑战，包括失去亲人以及在全球疫情中艰难地隔离。感谢卡特·库里拉（Kata Kurilla）、多阿·曼苏尔（Doaa Mansour）、伊恩·莫（Ian Mok）、艾瑞克·奥本海默（Erica Oppenheimer）、尼尔·科恩（Neal Cohen）、亚当·尤克尔森（Adam Yukelson）和米米·米琪拉（Mimi Michailidi）等亲爱的朋友们坚定的支持。这本书，就像我生命中拥有的其他事物一样，如果没有我的父母伊娃（Eva）和杰里（Jerry），以及我的哥哥克里斯（Chris），一切都将无存，我一直希望自己能实现他们对我的期望。我也非常感激我的丈夫伊恩·弗雷泽（Iain Fraser），感谢他不断的鼓励，无限的耐心，无数次陪伴我度过自我怀疑的阶段。

　　最后，这本书，以及我所做的一切，都献给我已故的祖父母，是他们教会了我生命中真正重要的事情。